U0654685

郑 植◎著

电信大客户

营销项目的治理方式研究

中国言实出版社

图书在版编目(CIP)数据

电信大客户营销项目的治理方式研究 / 郑植著. —
北京 : 中国言实出版社, 2018.6
ISBN 978 – 7 – 5171 – 2797 – 0

Ⅰ. ①电… Ⅱ. ①郑… Ⅲ. ①电信 – 邮电企业 – 市场
营销学 – 研究 Ⅳ. ①F626

中国版本图书馆 CIP 数据核字(2018)第 125050 号

责任编辑:张　丽
文字编辑:秦　璇
出版统筹:朱艳华
封面设计:博克思文化

出版发行　中国言实出版社
　　　　地　　址:北京市朝阳区北苑路 180 号加利大厦 5 号楼 105 室
　　　　邮　　编:100101
　　　　编 辑 部:北京市海淀区北太平庄路甲 1 号
　　　　邮　　编:100088
　　　　电　　话:64924853(总编室) 64924716(发行部)
　　　　网　　址:www. zgyscbs. cn
　　　　E – mail:zgyscbs@263. net
经　　销　新华书店
印　　刷　三河市华东印刷有限公司
版　　次　2018 年 6 月第 1 版　2018 年 6 月第 1 次印刷
规　　格　710 毫米 × 1000 毫米　1/16　10.5 印张
字　　数　200 千字
定　　价　39.80 元　ISBN 978 – 7 – 5171 – 2797 – 0

目　录

第 1 章　引论

1.1 问题的提出

1.1.1 大客户及大客户营销的定义

1. 大客户的定义

（1）学术界对大客户的定义

关于大客户（Key Account）的界定和评价，基于不同角度，学术界有多种观点。

Tony Millman（1995）认为，大客户就是市场上卖方认为具有战略意义的客户。大客户管理就是卖方采取的一种方法，目的是通过持续地为客户量身定做产品/服务，满足客户特定需要，从而培养出忠诚的大客户。为了保持与客户的日常联系，卖方通常建立许多小组，每组由一名大客户经理领导，向某个大客户提供专门服务。这种特殊对待大客户的方式将对企业的组织结构、价值传播和管理效果产生重大影响。

柳思维、尹元元（2005）指出，大客户作为客户中的"战略性"客户，又被称为关键客户、主要客户或看家客户，它是指那些业务频次高、业务需求量大或是与厂商建立战略合作关系及与产品和服务关联性强、成长性好并有特定要求的少量客户。这些大客户可能是企业在某个地区的总代理，可能是某个市场部的核心客户，也可能是一个大型的工业企业。

张艳红（2007）指出大客户是指那些对企业而言占其客户总体数量比例不高，但采购数额却占了企业整体营业额的大部分，或者具有盈利潜力，关注产品的附加值多于价格，对企业有较好的忠诚度，传承并认可企业文化，愿意和企业建立长期合作关系的客户。

Richard koch（2008）认为，根据"80/20"定律（80%的价值来自于20%的因子，其余20%的价值则来自于80%的因子），大客户是指在企业客户中所占比例小、能给企业带来高边际收入的那部分客户，也正解释了由于客户消费的不均衡性，不同的客户对企业的贡献差异很大，20%的客户贡献了企业80%的收入这一经验规则。

（2）电信运营商对大客户的定义

在企业界，大客户被普遍认为是公司所辖地域内消费产品/服务量大或单位性质特殊的客户，主要包括经济大客户、重要客户、集团客户与战略客户等。其中，经济大客户是指产品/服务使用量大、使用频率高的客户；重要客户是指来自党政军、公检法、文教卫生、新闻等国家重要部门的客户；集团客户是指与本企业在产业链或价值链中具有密切联系、购买本企业产品/服务的客户；战略客户是指经市场调查、预测分析，判断其具有发展潜力，会成为竞争对手的争夺对象的客户。企业必须要高度重视高价值客户以及具有高价值潜力的客户。

大客户是电信运营商业务收入的主要来源，在公司占有十分重要的地位。随着市场环境的改变和企业发展战略的调整，电信运营商界定大客户的标准也随之不断完善。2008年以前，国内电信运营商根据大客户理论，借鉴国外电信运营商的经验，把大客户分为党政军重要客户、年通信费用在一定额度以上的企业客户和商业客户，并实行归类管理和服务，在企业内部设置相应的大客户管理机构。2009—2012年，电信运营商主要根据管理层要求，将大客户分为年通信费用在一定额度以上的政企客户和年通信费用在一定额度范围内的商业客户。2012年后，电信运营商取消了商业客户的划分，调整政企客户的职能和称谓。这些变动在理论上并没有明确的学术界定和理论依据，主要是一些具体的业务管理和统计方法上的调整。参考学术理论上的分类，结合电信运营商的实际，本书把电信大客户分为重要客户、战略客户、集团客户和高值客户，具体界定如下。

重要客户：是指来自党政军、新闻媒体等重要部门的在社会上具有重要地位的客户，这些客户既能带来较大的利润贡献率，又具有较大的社会影响力。

战略客户：是指在同行业中具有示范作用，其行为变化对其他客户有相当大影响作用以及竞争对手争夺或具有发展潜力的大客户。

集团客户：是指具有隶属关系的同系统或有密切经济、业务应用关系的单位群体，为同一目的，由一个单位或部门统一租用同一电信运营商网络并办理相关业务的客户。

高值客户：是指电信业务量大、月使用费高的客户，如金融、证券、企业、商业等行业客户，这些客户都具有较强经济实力和较高的利润贡献率，对公司的业务稳定和发展具有推动作用。

2. 大客户营销的定义

大客户营销（Key Account Marketing，KAM）是一种实施大客户关系管理并从中受益的结构化方法。王唤明（2004）、张艳红（2007）指出大客户营销就是围绕大客户展开的营销活动，其营销目的就是在企业的大客户群中建立并维护长久的认知价值与品牌偏好，并通过存在于企业与大客户之间的信息互动，形成并提高大客户对品牌的认知与忠诚度，达到令大客户最大限度的满意。通过科技进步、工业设计、营销组合等提高产品的附加值，其本质就是提高信息的有效性，通过打破信息不对称，达到减少交易成本的目的，从而以最小的营销成本有针对性地开展营销活动。

1.1.2 大客户营销在电信企业竞争中的重要作用

"80/20"定律同样适用于电信运营商市场营销中的大客户营销项目。从企业与客户的互动关系出发，"市场营销之父"菲利普·科特勒教授通过水平划分企业与客户之间不同程度的关系，来分析大客户与企业之间的关系，他认为大客户处于的位置是在企业客户的数量中所占比例小、能给企业带来高边际利润或具有重要战略价值的那部分客户。科特勒对客户关系的划分与"80/20"定律不谋而合，这也正解释了由于客户消费的不均衡性，不同的客户对企业的利润贡献差异很大，即20%的大客户贡献了企业80%的利润。由于电信通信服务具有全程全网统一运营、统一提供服务、业务服务统一结算的行业特点，"80/20"定律在电信运营业则表现为20%的大客户贡献了企业80%收入的行业特征。

大客户对电信运营商的重要价值包含三层含义：一是大客户的当前（现实）价值，二是大客户的潜在价值，三是大客户的社会价值。

1. 当前价值

大客户也称为最有价值的客户，它是根据客户的电信消费水平、社会地位及其发展潜力等对电信客户市场进行细分的结果。大客户是电信运营商收益的重要支柱。如表1-1所示，2016年中国某电信运营商G省电信大客户数占其G省全部用户数的2%，但产生的电信费用却占全省业务收入的13.6%。可见，大客户价值的重要性。

表1-1　2016年中国某电信运营商 G 省大客户收入比

G 省各市	大客户数量（户）	全体客户数量（万户）	大客户数量占本地网客户数量比重	大客户收入占本地网收入比重
	2016 年	2016 年	2016 年	2016 年
NN 市	23227	137.4	1.7%	17.6%
LZ 市	8895	67.5	1.3%	15.2%
GL 市	25222	75.8	3.3%	9.6%
YL 市	9082	68.7	1.3%	8.9%
GG 市	10942	53.3	2.1%	9.2%
BS 市	9713	42.8	2.3%	10.6%
HC 市	18289	48.4	3.8%	16.0%
QZ 市	7282	37.5	1.9%	12.5%
WZ 市	4186	32.8	1.3%	14.4%
BH 市	5913	25.8	2.3%	9.9%
CZ 市	4201	22.5	1.9%	13.1%
LB 市	3168	21.6	1.5%	21.9%
HZ 市	3615	19.5	1.9%	8.9%
FCG 市	2788	14.2	2.0%	15.2%
Total	136523	667.8	2.0%	13.6%

资料来源：2016 年中国某电信运营商 G 省大客户统计资料。

大客户往往是政企类集团客户，群体消费特征明显。另外，该类客户中的个人客户具有管理职责或商业需要，通信费用消费相对较大，高端消费个人客户通常存在于大客户中。事实表明，大客户中具有管理职责或商业需要的个人客户平均 ARPU 值（Average Revenue Per Vser，每用户平均收入）要普遍高于一般个人客户。

2. 潜在价值

电信运营商针对电信大客户持之以恒地提供优质的通信服务与适合客户需求的业务，以共赢的理念与客户共成长是提高客户忠诚度的基础。电信运营商为了进一步提高服务的价值，针对大客户个性化需求提供整体解决方案，既增加了客户价值又增加了业务的黏性，使得大客户的忠诚度进一步提高，客户忠诚度高，是电信运营商业务收入可持续来源的基石。对电信运营商而言，具有竞争优势的产品和服务固然重要，但最宝贵的资源是客户，客户的长期重复购买是企业稳定的收入来源。与客户之间长期共赢的互利关系是企业的巨大资产，它增强了电信运营商在市场竞争中抵御风险的能力。

3. 社会价值

大客户中的一部分重要客户，如党、政、军、科教文卫等机构，或许他们的一些购买量并不太大，不能为电信运营商创造大量的收入，却在电信运营商的品牌形象、公共关系、市场推广等方面起着举足轻重的作用；同时，行业大客户的购买行为会对其他政企类客户产生影响并诱发其消费行为。

综上所述，随着现代通信网、互联网和信息化应用的发展，电信通信业务发展呈现出个性化、个人化的趋势，电信运营业市场竞争加剧，电信大客户业务收入占企业总收入的份额会随着电信运营商对大客户的定义和划分有所波动，但总体上比较稳定。由于电信大客户是由当地的政府类机构和大企业客户构成，政府类客户具有政策性和示范性导向作用，大企业类客户具有商业性和应用性的导向作用，它们对电信新技术、新业务和信息化的应用均会对各行各业的企事业单位起到政策性、示范性、应用性、商业性的催化和推波助澜的作用，这些电信新技术、新业务，电子商务、信息化的应用使得电信运营市场规模又趋新的扩张和发展，同时，也使得电信运营商在新的市场中获得新的生存和发展空间。

1.1.3 电信大客户营销管理实践面临的主要问题

2008 年电信运营业市场重组，中国网通并入中国联通，中国卫星通信并入中国电信，中国铁通并入中国移动，电信市场竞争格局发生了深刻的变化，整个电信市场的营销模式也逐渐从单一的业务品牌推广演变到全方位、多层次的品牌体系管理以及相应的一体化综合解决方案。面对给电信运营商带来巨大营业收入和利润的大客户，各大运营商均采取了灵活多样的营销手段，通过加大对大客户营销项目的资源投入，拓展自身业务的深度和广度。从某种意义上讲，大客户营销就是一场战争，在这场战争中，"敌人"就是竞争对手，顾客就是要占领的"阵地"（里斯·特劳斯，2002）。电信大客户营销项目管理的水平是取得竞争制胜的重要因素。然而，电信运营商在大客户营销项目管理上还没有建立科学规范的体系，电信大客户营销项目的管理与组织水平、营销团队运行效率与执行力有待进一步提升。尤其是多个职能部门、多个单位同时承担一个项目时，问题更加突出，主要原因有以下三点。

（1）在大客户营销项目立项过程中，侧重于技术/经济可行性评价而忽视了执行方面的管理可行性评价，忽视了对项目执行过程中对大客户项目需求理解掌握不足而可能存在的风险的识别和分析。

（2）大客户营销项目团队工作过程管理，过度依赖营销项目团队负责人的经验和个人能力，未能建立起团队工作过程的控制体系，而大客户营销部门人员流动性强，人员在调动的同时带走了大客户营销项目的经验和知识，造成了后续工作的被动性。

（3）对大客户营销项目各利益相关方在项目中的角色没有明确的定义，对各利益相关方在项目中的责任缺乏明确的界定，对各利益相关方的期望也未能充分分析，从而缺乏合理有效的管控措施。

目前大客户营销项目的完成率较高，实施效果也得到了项目客户的认同，这与大客户营销项目的各级负责人和相关责任单位的充分重视是相关的，这使得相关单位尤其是电信运营商投入了充分的资源来解决项目实施过程中遇到的问题，从而保证了最终的项目实施效果。然而，随着市场竞争激烈程度的加剧，电信大客户项目的管理必然会从"高投入"的粗放管理向"高效率"的精确管理进行转变，这不仅可以解决当前电信大客户营销项目运行效率与执行力亟待提升的客观问题，也是寻求新的适合电信大客户营销项目特点的治理方式以实现电信大客户准确营销的内在要求。

1.1.4 电信大客户营销项目管理理论研究面临的主要问题

企业的市场营销活动是在特定的经营观念指导下进行的。自市场营销学于20世纪初期在美国产生以来，企业的营销观念经历了从生产观念、产品观念、推销观念到市场营销观念和社会市场营销观念的转变，指导销售者行为的观念从重生产、轻市场营销这种以供给为中心的观念逐步演变为一种以顾客需要和欲望为导向的营销理念，进而发展到兼顾企业利润、消费者需要的满足和社会利益的协同和发展的营销哲学（菲利普·科特勒，1999；2002）。在此过程中，涌现出4Ps、6Ps、4Cs、4Rs等营销理论，这些营销理论为企业营销活动提供了指导，但这种指导更多是从战略、策略的层面进行指引。企业管理者如何才能将这些理论变得更加具体化、流程化、程序化并有效运用到企业营销项目个案中去，是值得思考研究和探索的理论问题。对此，国内外学者进行了相关研究。

B·汤普生（1996）提出市场营销的关键在于认知消费者的需求，并有效地管理商品或服务提供者的市场行为，以满足消费者的需求。为了在市场上形成竞争优势，企业必须有效地管理营销行为的各个因素。

王瑞梅、赵燕平（2002）将项目管理与营销结合，提出了运用项目管理实现"概念"营销的思想。从"概念"营销项目的组织结构保证、在"概念"销售项目中的工作分析结构图、并行工程在构建"概念"销售项目网络图中的重要性、实现"概念"销售的人力资源保证、项目管理信息系统在"概念"销售中的重要性等五个方面阐述了运用项目管理实现"概念"销售的实施方法。但该研究没有说明"概念"销售的项目特性，同时，提出的运用项目管理实现"概念"销售的实施方法不够系统。

刘丹（2003）在分析营销战略、企业营销活动、相关营销理论基础上认为，可以用"项目管理"的思想进行市场营销创新，使市场营销活动系统化、科学化，并阐述了在营销活动中实施项目化管理的方法与步骤——项目组织，项目计划，营销项目实施，项目调整与风险管理，项目终结。但该研究只是针对企业在传统营销实践中重开发、靠低价打开市场的混乱无序状态，提出用"项目管理"的思想进行市场营销创新，没有说明"项目管理"的普遍性，对分析企业营销活动的项目特性尚处探索阶段。

许多人继承了刘丹（2003）的观点，如欧晓华、王慧（2005）在分析项目管理思想以及企业营销活动的项目特征的基础上，阐述了企业市场营销活动实施项目管理的方法与步骤；董方兴、董致富（2006）对项目管理在市场营销活动中的应用步骤予以说明；李业、吴溢恩（2007）以项目管理对营销的促进作用为切入点，从确定营销项目目标、项目前期调查、项目需求分析、项目团队的成立、任务分解与工作计划、项目调整与风险管理、项目终结等七个方面说明了项目化管理在营销中的应用。但同样没有形成完整的理论体系去说明"怎样去做"的具体方法。

于莲（2006）从分析企业营销管理面临的环境入手，对照 Cleland 和 King（1983）判定何时应用项目管理的标准，即不熟悉性、工作量大小、变化的环境、相互联系、组织的声誉等，指出在营销管理中应用项目管理的思想、方法、工具和技术，已是企业顺应环境变化的必然选择。但没有进一步分析营销项目的管理过程，仅仅阐述了企业营销活动项目化管理给企业带来的好处以及企业营销活动项目化管理的局限性。

葛宝山、贾宝强、张红（2005）将企业管理项目化、多项目管理的思想引入企业营销实践，提出了营销项目（Marketing Project）、营销项目群（Marketing Programme）的定义，他们认为，从营销管理的流程角度来看，当前企业中多品种小批量生产的现状使得每一个特定产品和服务的营销都具有了一定的独特性和时效性，可以将这种日益项目化的特定产品或服务的营销称之为营销项目。若从营销管理的职能角度，也可把每一次市场调研活动、新产品上市活动、营业推广活动和公共关系活动等视为营销项目。整个营销管理可看作一个大项目群，称之为营销项目群。和项目不同，项目群没有明显的开始或结束，因此，企业中接连不断的营销项目构成了营销项目群。在此基础上，他们不仅总结了基于项目管理视角的营销管理模式的主要特点，并就营销的项目化管理体系进行了简要说明。

以上研究多是对营销项目化一般理念的探究。同时，也有少部分学者将其运用于某个领域的营销实践。

易锦、刘传锋、罗会明（2005）对汽车品牌营销项目化进行了研究，在分析汽车品牌营销发展的新趋势以及以汽车品牌为核心的营销服务新模式基础上，从汽车品牌营销项目管理的特点、汽车品牌营销项目的组织与运作、汽车品牌营销的项目实施等三个方面阐述了汽车品牌营销项目管理的内容，指出以项目管理技术进行汽车品牌营销管理之创新以及项目管理将给汽车品牌营销带来新的变化。

研究发现，山西省太原市邮政局运用项目管理理论，提升了营销管理水平，涌现出许多成功案例，认为若项目管理、方案营销符合市场运行机制，能推动企业快速发展（李桂丛、刘志强、李淑慧，2003）。

总的来说，国内学术界对项目管理理论运用到企业市场营销活动中已经有了一些认识，但还存在以下不足：

第一，没有将项目管理理论中管理过程的渐进性引入营销项目管理过程，线性的管理过程缺乏回馈机制，管理过程具有局限性，实践中往往难以取得好的效果。

第二，对营销项目管理过程框架的理论研究，还没有形成完整的理论体系去说明"怎样去做"的具体方法。

第三，尽管理论界对营销项目管理理论进行了研究，但在电信大客户营销治理方面仍几乎尚处空白。[①]

1.1.5 电信大客户营销项目治理研究的必要性

从电信大客户营销项目管理实践看，最突出的问题是大客户营销项目涉及的相关方很多，从项目经理的角度和层次往往难以处理相关方之间的关系，项目经理的职权也不足以管理利益相关方。

从电信大客户营销理论研究看，对营销项目化进行研究的文献，多从营销活动的项目特征、营销活动的环境特征以及项目管理理论的普遍性三个方面分析了

---

① 笔者对此在国内外的文献资料数据库进行了关键词检索。

营销活动项目化的可行性，并探讨了营销项目管理的基本框架及简要过程。但是，项目管理理论始终是以项目经理为核心，项目经理为了实现项目目标，通过临时的职权来协调项目资源，进行项目管理活动。

因此，项目管理理论并不能完全解决大客户营销实践中存在的问题，项目的关键成功因素也不能仅仅局限在项目管理的范畴内。在一些情况下，不能有效获取项目资源，导致管理活动效率低下，其根本原因在于，企业外部大客户营销项目利益相关方的风险不在项目经理控制范围之内，一部分项目关键成功因素来自于项目管理的外部环境，使项目的成功率或成效受到影响。因此，需要从更高的层次上来解决大客户营销项目实践中长期存在的问题，而如何协调利益相关方、如何控制利益相关方风险成为关键，项目治理成为必由之路。

1.2 研究动机与目的

1.2.1 研究动机

在电信运营业务市场由卖方转变为买方市场的过程中，市场营销和项目管理等理论开始应用到电信运营商营销实践活动，促进了电信运营商管理水平的提升和运营效益的提高。随着现代电信科技发展日新月异，中国电信运营商竞争格局变化的加快，使得电信运营业务（产品）生命周期缩短，需要通过跨学科管理理论的融合与创新来支撑营销实践。近年来已有许多企业开始运用项目管理理论，把营销过程作为一个项目来进行管理，并取得了实效。营销项目管理的核心是项目经理，然而，现代营销项目，特别是像大客户营销这样的项目，它所涉及的利益相关方很多是来自企业外部，也就是说项目管理过程中会涉及大量来自企业外部的资源，而这些资源，从项目经理的角度和层次是难以预测和控制的，从而使项目不确定性风险加大，迫切需要新的管理理论指导营销实践。项目治理理论为解决这个难题提供了方向性的理论指导。在此，对项目管理与项目治理的定义作简要说明。所谓项目管理就是把各种知识、技能、手段和技术应用于项目活动之中，以达到项目的要求。关于项目治理，学术界还没有统一的认识，本书作如下定义：所谓项目治理，是指缔结利益相关方之间连接的结构、过程和方法，其目的在于为实现项目目标而提供有效的管理环境。为提供这种管理环境，必须要把内、外部利益相关方都纳入治理体系范围内。

概括而言，项目治理与项目管理的重要区别在：第一，项目治理是战略导向的，关心的问题是"项目的正确性"；项目管理是任务导向的，关心的问题是"项目目标如何实现"。第二，项目治理侧重的是对项目生命周期过程中是否被恰当地决策与管理进行监督与控制；项目管理侧重于项目任务管理。第三，项目治理的主要作用在于保证项目决策的科学化和具体管理的正当性与有效性；项目管理的作用是如何使任务完成得更有效率和效果。为更好地区别项目治理与项目管理，并将企业项目管理一并说明，可以把三者之间的区别归纳如表 1-2 所示。

表 1-2　项目治理、企业项目管理与项目管理的区别

	对象	主体	目的	责任
项目管理	单一项目	项目经理	完成项目目标	利用项目资源完成项目任务
企业项目管理	多个项目	企业管理层（企业内部）	实现企业目标	为各项目配置企业内部资源并进行管理
项目治理	单一项目	利益相关方（企业内、外部）	实现项目目标	建立并管理所有项目利益相关方的角色关系

从作用对象看，项目管理对象和项目治理对象都是单个项目，而企业项目管理对象为多个项目需要处理，因为同一时间，企业会有多个项目需要处理；从活动主体看，项目经理为项目管理的主体，企业项目管理的主体是企业管理层，两者都属于企业内部，而项目治理的主体是项目利益相关方，可能在企业内部，也可能在企业外部；从活动目的看，项目管理和项目治理都是为了完成项目目标，而企业项目管理目的是实现企业目标，此过程中可能会放弃某个项目，因为企业项目管理考虑的是企业利益最大化；从活动责任看，项目管理是利用项目资源完成项目任务，企业项目管理则是为各项目经理配置企业内部的各项资源并进行管理，而项目治理的责任主要在于建立并管理所有利益相关方的角色关系。

从上面的分析可以看出，项目治理理论可以为解决电信大客户营销管理实践问题提供有力的理论支持，但是，学术界对项目治理理论的研究还处于探索阶段，这正好为本书的研究与理论创新提供了契机和切入点。

此外，由于电信大客户营销项目的管理部门人员流动性强，人员的流动造成了知识的流失，因此，在项目的实施过程中，需要有意识地总结经验教训，不断提取电信大客户营销项目管理的关键成功因素，这也为本书的研究奠定了实践基础。

1.2.2 研究目的

1. 明晰电信大客户营销项目的治理方式的特点

电信大客户营销项目由于所处的竞争环境、行业特点和在企业中所处的地位，有其自身的特点——即从传统的单一业务（服务）的同质化价格竞争转变为传统业务与信息化综合应用的一体化解决方案的差异化价值竞争。只有把握电信大客户营销项目的特点和电信大客户营销项目的治理方式的特点，才能提出行之有效的治理方式。

2. 提炼出适合电信大客户营销项目特点的治理过程

本研究以中国某电信运营商 G 省公司大客户营销项目为例，目的在于找到并提炼出一种适合于电信大客户营销项目特征的治理过程。具体地说，就是以电信大客户营销项目利益相关方的需求为切入点，基于需求分析各利益相关方为满足这些需求所承担的责任及扮演的角色，明晰利益相关方实现角色的风险，明确如何建立电信大客户营销项目治理角色之间的关联关系（电信大客户营销项目治理的组织架构）以规避角色风险，从而指导大客户营销项目利益相关方为实现项目目标而各自尽职，确保项目的顺利完成，最终实现大客户营销项目各利益相关方的共赢。

3. 提炼出电信大客户营销项目治理过程主要环节的控制方式

如前所述，项目治理的侧重点在于监督、控制项目生命周期过程中的主要环节，本研究的一个重要目的就在于，提炼出电信大客户营销项目治理过程主要环节的控制方式，包括对主要项目利益相关方的识别、相关方的需求分析、落实为满足这些需求相关方应该承担的责任以及扮演的角色、确保利益相关方关系的建立以规避角色风险。

1.3 研究意义

1.3.1 现实意义

首先，本研究以电信运营商 G 省公司大客户营销项目为例，通过调查研究、理论探讨，提炼出电信运营商 G 省公司大客户营销项目实施过程中识别利益相关方及其需求的有效方法，进而针对各种需求具有的特点明确利益相关方责任，并建立利益相关方关系以规避角色风险,从而为电信运营商 G 省公司更加有效地实施大客户营销项目提供一种可行的治理过程。这是本研究最直接的现实意义。

其次,虽然本研究的资料来源为中国某电信运营商 G 省公司和下属的部分分公司,具有一定的局限性,但是,通信运营业属于全程全网的垄断竞争行业,这种行业特性使得各省、市分公司大客户营销项目治理过程以及大客户营销项目治理方式具有很多相似之处。换言之,本研究的成果将可为电信运营商同行或其他的省、市分公司提供一种借鉴。

1.3.2 理论意义

在学术上市场营销理论研究的大客户营销项目管理理论创新的趋势来看,大客户营销项目治理理论是个亟待探索和填补空白的领域。本研究以定性和定量相结合的方法,在探讨项目治理的一般性理论和过程基础上,根据中国某电信运营商 G 省公司大客户营销项目的特点,对适合 G 省电信大客户营销项目的治理模式、治理方式等问题进行系统化研究,是对项目管理、公司治理和项目治理等理论的延伸和补充。

本研究借鉴 Ivar Jacobson 等学者(2003)倡导的统一软件开发过程(Rational Unified Process,RUP)的思想,以中国某电信运营商 G 省大客户营销项目为例,剖析电信大客户营销项目治理过程中的需求、角色、风险以及如何建立利益相关方关系,提出适合电信运营商大客户营销特征关键成功领域和项目治理方式。总之,本研究主要在于探索适合电信特点的大客户营销项目治理模式,具有一定的理论探索意义。

第 2 章　文献综述

2.1 电信大客户内涵及相关理论研究

当前对电信大客户相关问题的研究，主要集中在电信大客户的界定和分类方式、大客户营销策略和管理方式研究等方面。

2.1.1 电信大客户界定和分类的相关研究

以往电信运营企业一般根据客户当年 ARPU 值的高低来认定其是否为大客户。这种评定标准适应了市场竞争初期企业强调迅速增加收入的阶段目标，但随着竞争强度的提高和企业发展战略的调整，界定大客户的标准也需要更加完善。孟晔（2003）尝试通过"客户价值"这一综合性的评价标准来界定大客户的范围。所谓"客户价值"是指客户对电信运营企业的有用性，即客户为电信运营企业带来的长期增长收益和效用，这种价值是以电信运营企业特定的成本支出作为代价的。主要可以确定两个相关的指标：经济评价指标和社会评价指标。再将这两项指标细化成子项指针，通过加权平均汇总，可以对客户价值进行排序和分类，再结合企业的资源情况，就可以确定电信大客户的范围。此外，他提出还可以根据客户价值的时效性，对大客户进行分类。蔡淑琴、喻友平、周雨华等（2004）将大客户描述为能够对企业销售预期和价值预期产生较大影响的客户或客户群，且至少具备以下一个或多个特征：①历史销售统计比一般客户明显多；②对企业有较高的忠诚度；③与企业交互活动较多；④本身具有较大的潜在需求能力；⑤某些客户聚集在一起，形成一个客户群落；⑥在市场中有领导、销售示范作用、较大的影响度。在此基础上，他们提出了客户忠诚度、客户聚合度、客户利润贡献、客户采购集中程度等计算指标，在此基础上构建大客户识别的数据模型，通过对各项指标的量化和建立历史库来跟踪识别大客户。最后以实例验证了模型的有效性和合理性。张春雷、陈俊彬（2006）则从经济价值、社会价值和潜在价值三个方面来选择大客户识别的评价指标。其中经济价值的分析，包括收入和成本两方面的综合分析。潜在客户的收入分析评价指标可以选择客户的毛利率、收入利润率、成本利润率、销售费用利润率、基于收入增长的成本增长比例等。潜在客户的成本分析评价指标包括现金折扣、付款期限、应收账款周转率、呆坏账的数额及比例、客户占用的资金成本等。

2.1.2 电信大客户营销和管理策略的相关研究

长期以来有关电信大客户营销和管理策略的研究，一直是电信大客户研究的重点内容。为了解决电信市场出现的市场细分不足、营销策略与目标脱节等问题，吴开铭（2004）认为，电信市场要从单一的产品经营向品牌经营和多产品捆绑经营转变；从偏重以优惠手段启动市场向提高公司整体服务水平转变；从发展新客户、单一量扩张的经营方式向发展有效客户、留住老客户并重的方式转变；从自己营销、专业营销向以自己营销为主、联合和依靠代理商及发展各种社会力量的多种形式营销方式转变；从粗放型经营向精耕细作的集约化经营转变。他提出了组合营销、体验式营销和增强农村大客户服务等三项营销创新的思路。高牟（2012）分析了电信大客户营销面临的问题，从健全一站式服务、加快系统集成化建设、提供个性化服务三个方面提出了提升电信大客户营销管理的策略。

张春雷、陈俊彬（2006）提出首先要建立大客户档案和客户关系管理系统，要及时了解大客户的网络结构、设备配置、网点组成、技术负责人、使用电信业务的基本情况及其动态变化等，特别是要对大客户进行跟踪并及时反馈，定期对所服务的客户结构进行调查并统计分析大客户的消费量、消费模式等基本情况，对大客户进行动态管理和预警监管。客户关系管理（Customer Relationship Mangement，CRM）是建立和使用数据库进行客户管理，以识别和吸引并且保留最有价值的客户。客户关系管理强调对客户实行定制营销、一对一营销，与中小商业客户相比，大客户的通信需求具有明显的个性化特点。在此基础上，进行大客户市场细分，根据大客户对新业务的需求、资费敏感度及客户的购买行为等多个因素对大客户进行细分，根据细分客户的特点为其提供个性化服务和一揽子解决方案。差异化的等级服务包含两个层面：大客户的服务优于中小商户和家庭用户；在大客户内部，不同价值的客户享有不同等级的服务，价值越大的客户享有的服务等级越高，并连续对客户使用情况跟踪，为其提供预警服务和其他有益建议，保证客户获得满意的价值。最后，需要整合企业流程，从流程角度分析企业的销售、服务现状，同时对大客户的运作方法进行分析，站在客户的角度体验其购前、购中、购后的感受，发现导致客户不满的原因。以客户的利益和需求重组企业组织和工作流程，对客户需求快速反应及提供个性化的关怀，即要建立区别于竞争对手的产品和服务，从与客户的互利和双赢的关系中获得企业的长期利益，使组织中各部门的行动保持一致，研发部门、生产制造部门、销售部门以及运输部门、财务部门、人力资源管理部门等彼此协调，积极投入到为大客户提供最满意的服务中去，从而提高客户服务效率。

赵龙（2005）认为，大客户管理是对客户进行差异化管理的一种方法，它不仅仅是大客户的获取和关系的维持，而是与企业发展战略紧密结合在一起，充分调动企业资源，从大客户识别开始，经过客户获取，关系拓展，最终与客户形成长期战略合作的一系列工作的集合。从某种意义上说，大客户获取是指企业为获得某些收益而进行的时间和资源的投入，相应地，大客户管理应该是企业为了实现长远发展而进行的一系列长期投资。因此，大客户管理的目标就是提升大客户的忠诚度，发掘客户的潜在价值，从而实现企业与客户的良性互动和长远发展。为此，他提出要管理好客户的需求，透过表面的需求发掘其潜在需求，并制定有针对性的解决方案，以提升客户的竞争能力和运行水平，同时实现电信企业收益的最大化。此外，与客户建立深层次合作的立体关系网，除了高层领导以外，还应该促成各自研发部门的合作，各自经营部门的合作，等等，形成牢固的关系网。最后，通过整合产业链，发挥上下游各个环节的优势，有效增强电信运营企业的竞争能力，降低企业运营成本。

2.1.3 电信大客户关系管理的相关研究

随着近年来电信运营业的快速发展和激烈的竞争，大客户成为电信运营商关注的焦点，而客户需求多元化态势逐渐凸显，CRM 成为电信运营商制胜的关键因素之一。CRM 除了可以处理庞大的客户数据之外，其功能更进一步延伸至运用信息科技对企划、营销与客户服务进行整合，为客户提供量身定做的服务，以提高客户忠诚度和企业运营效益。

虽然目前对于 CRM 在电信大客户领域运用的文献相对较多，如李华（2002）从客户资源重新整合、流程再造、打造企业的核心竞争力等方面分析了大客户 CRM 应用于电信大客户营销服务的重要意义；于莘刚（2003）从系统设计的角度分析了 CRM 电信大客户管理系统的设计原则、体系结构、系统特点，以及实践应用等；谢军（2000）以电信运营商的客户关系管理和大客户关系管理为关注对象，设计企业 基本客户关系框架模型，并在此基础上提出电信运营商应该利用现有资源尽快向客户关系管理转型的方案。丁训军（2010）在分析中国电信大客户营销服务工作现状基础上，运用关系营销理论，从顾客市场策略、内部市场对策两个方面提出了改进营销工作的对策。然而，以上研究都是将 CRM 的理念和思想，采用信息化的手段运用到电信大客户管理中，并没有对 CRM 本身的内容有所突破和创新。

尽管近年来关于电信大客户关系管理的研究文献逐渐增多，但现有的文献，仍然都是基于离散的关键点对电信大客户的界定和分类问题、电信大客户的营销和管理策略问题进行研究。此外，基于营销管理、战略管理和客户关系的视角进行研究，也在很大程度上使电信大客户相关问题研究难以摆脱视角上的局限性。

2.2 项目管理内涵及相关理论研究

2.2.1 基于项目管理知识体系的相关研究

项目管理知识体系是随着现代项目管理实践的发展而发展起来的，最早把项目管理所涉及的知识形成体系的是美国国防部和 NASA（美国航空航天局，Nutional Aeronautisc and Space Admini Stration），但项目管理专业协会及其知识体系真正成形并获得快速发展是在二十世纪八九十年代，产生了不少项目管理专业协会及知识体系，其中影响较大的有：①美国的项目管理协会 PMI（Project Management Institute），它是目前拥有会员最多、影响力最大的项目管理机构，知识体系是 PMBOK Guide（A Guide to Project Management Body of Knowledge，PMBOK Guide）；②英国的项目管理协会 APM（Association for Project Management），它是除了 PMI 以外影响最大的国家项目管理专业协会，知识体系为 APMBOK（Body of Knowledge），该体系不仅被荷兰和斯堪的纳维亚国家所采纳，也成为德国、法国、瑞士、奥地利等国的项目管理知识体系的基础；③国际项目管理协会 IPMA（Internationa Project Management Association），它是以欧洲为主的众多项目管理协会的一个松散联盟，其知识体系为 ICB（IPMA Competence Baseline），该体系受 APMBOK 的影响较大，具有很大的国际影响力；④澳大利亚项目管理协会 AIPM（Anstralian Institute of Project Management），其知识体系是 NCSPM（National Competency Standards for Project Management），NCSPM 同时吸收了 PMI 和 APM 两者的思想和内容；⑤国际标准化组织 ISO（Internationa Organization for Standardizantion），它是制定及管理国际标准的权威组织，也推出了对于项目管理具有全球影响力的 ISO10006 系列标准。为了更好地了解各种项目管理知识体系，下面从指导思想、结构和内容等三个方面对以上各种专业协会的项目管理体系进行比较研究。

1. PMBOK Guide（A Guide to the Project Management Body of Knowle
–dge，项目管理知识体系指南）

PMBOK Guide 认为项目管理的实质是"按时、按成本、按范围完成项目的目标"，在这种任务导向思想指导下，它围绕不同的知识领域组织业务流程，形成一个由范围、时间、成本、资源、质量、风险、沟通、采购等九大知识模块构成的模型。这种观点只关注项目管理的知识领域，却忽视了项目管理所必须具备的另一个关键要素——解决实际问题的能力。基于此，PMI 的项目管理职业人员资格认证主要采取多选题的考试方式来考核申请者对各个项目管理模块知识的掌握，但是这样的考核方式不能够充分反映申请者的实际工作能力。另外，PMI 清楚地表明 PMBOK Guide 的作用是成为指导所有项目经理工作的核心，这有别于其他专业协会的观点，它们通常认为项目管理知识体系只是对项目管理所有内容的一个指南。

PMBOK Guide 的知识领域划分为九大模块，由 39 个因素组成（见图 2 – 1）。PMBOK Guide 体系的特点：①侧重于项目管理的专业知识、方法、技术的介绍，每一知识领域作为独立的单元进行规划和执行，同一知识领域内的各个要素之间的逻辑关系比较清晰；②用输入—输出模型描述各要素之间的关系，每个模块都包含有输入、工具（技术）、输出三个基本要素，其中某个模块的输出可能是另一个模块的输入，通过链式关系把知识体系的各部分整合起来；③将要素分散到相关的模块中，融入具体的情境，而不是集中起来进行描述，例如工作分解结构（Work Breakdown Structure，WBS）可以作为范围管理、时间管理等领域的输入；④对项目管理的要求及目标、商业环境以及技术解决方案发展的描述不够清楚，还忽视了制定项目战略的内容。

图 2-1 PMBOK Guide 的知识领域

资料来源：*A Guide to the Project Management Body of Knowledge*，Project Management Institute，2000。

2. APMBOK（Association of Project Management，Project Management Body of Knowledge，APM 项目管理知识体系）

APMBOK 认为，判断项目管理是否成功不仅要考察项目执行过程和成果，更重要的是使项目的客户满意。为了成功实施项目管理，仅对 PMBOK Guide 提出的九大因素进行管理是不够的，管理项目的能力同样重要（甚至更重要），而一般来说，能力与具体的角色有关。因此，APMBOK 没有像 PMBOK Guide 那样试图找出普遍的解决方案，而是通过构建出由技术及设计管理、环境及外部因素、人的因素、商业因素等组成的认知框架来具体描述项目管理所涉及的知识因素以及某些行为特征。APMBOK 还认为知识体系只是一套实践性的文档，既不是一套能力规范，也没有必要太多地涉及对项目管理很重要的行为特征，只有将正确的知识与行为结合起来才能产出成功的项目管理。它强调知识体系的系统性，要求体系建立在实证研究的基础上；它还认为结构不是最重要的，重要的是要使项目管理人员能够充分了解和掌握这些内容。APM 的认证体系分为三级：APMP、MAPM 和 CPM，前两级采取考试加书面评估，最后一级则需要书面评估和面试。

APMBOK 的内容归为七个类别：概述及简介、战略因素（含其基本目标）、控制、技术因素、商业因素、组织因素和人员，每一类别包含数个因素（见表 2 - 1）。

表 2 - 1　APM 的项目管理知识体系

概述 项目管理 计划管理 项目情境	战略因素 项目成功标准 战略/项目计划 价值管理 风险管理 质量管理 健康安全及环境 业务流程 战略协调 按项目进行管理	控制 　工作内容及范围管理；进度管理；资源管理；预算及成本管理；变更控制；净值管理；信息管理
		技术因素 　项目成功标准；战略/项目管理计划；价值管理；风险管理；质量管理；健康安全及环境；业务流程；战略协调；按项目进行管理
		商业因素 　商业案例；营销；财务管理；采购；法律知识
		组织因素 　生命周期；设计及管理；机会；执行；移交；项目后评价；设计及开发；组织结构；组织角色
		人员 　沟通；团队；领导；冲突管理；谈判；人员管理

资料来源：Mile Dixon, *Project Management Body of Knowledge*. Fourth Edition, Association of Project Management, 2000。

APMBOK 具有以下特点：①视野广，所涉及的既包括项目管理的专门知识和特定内容，也包括非项目管理专属领域；②不对每一个因素进行详细的论述，只是给出了概念性的解释和框架，但对每一个因素都提供了一些权威的参考文献和数据，便于读者深入理解，起到了既突出主题又使内容翔实的双重目的；③将战略因素置于其他因素之上，能更好地对项目管理进行战略规划和协调。

3. ICB（IPMA Competence Baseline，国际项目管理协会能力基准）

ICB 的视野比较开阔，它借鉴了 APMBOK 关于能力的理念，不仅对项目管理的知识领域做出描述，还建立了用于评价能力的一般结构。ICB 强调项目经理及其他从业人员的知识、经验和态度，以项目管理的专业技术、商业环境因素、一般管理因素构成其核心内容。此外，由于 IPMA 拥有数十个不同国家的会员组织，为了协调不同协会之间的资质认证及其他相关工作，ICB 在选择知识体系的设计方案时尽量保持弹性，允许各会员专业组织在此基础上融入各自项目管理实践和文化背景，建立本国的能力基准（NCB，National Competence Baseline），以提高该基准在不同经济技术条件、不同历史文化背景下的适用性。

ICB 包括项目管理中常用的基本术语、任务、实践、技巧、功能、管理过程、方法、技术和工具以及专家知识。整个知识体系分为两大块：知识与经验部分和主观能力部分。知识及经验部分由 28 个核心要素和 14 个补充要素组成；主观能力部分由 8 个人员素质因素以及 10 个总体印象组成（见表 2 - 2）。此外，为了实现 IPMA 高弹性、易于本地化的指导思想，ICB 为各国的 NCB 预留了较大的选择范围：ICB 的核心要素、人员素质和总体印象各部分内容是比选项，但允许各国的 NCB 对于补充要素部分做出选择——从中选取不少于 6 项内容，其余部分可以结合各国具体情况进行更改。从表 2 - 2 可以看出，ICB 的内容丰富，知识覆盖面较大，结构层次也比较清晰，它是根据能力单元而不是项目管理的职能或流程来构建知识体系的。

表 2-2　ICB 的知识体系

知识及经验	核心要素	项目和项目管理 项目管理的实施 按项目进行管理 系统方法与综合 项目背景 项目生命周期 项目开发与评估 项目目标与策略 成功与失败的标准 项目启动	项目收尾 项目结构 范围与内容 时间进度 资源 项目费用与融资 技术状态与变化 项目风险 效果度量 项目控制	信息、文件与报告 项目组织 团队工作 领导 沟通 冲突与危机 采购与合同 项目质量管理
	补充要素	项目里的信息学 标准及规章制度 解决问题的能力 谈判、会议 长期组织	商业流程 员工发展 组织学习 变革管理 营销、产品管理	系统管理 安全、健康及环境 法律方面 财务及会计
主观能力部分	个人素质	沟通能力 创新精神、务实、热情 接洽能力、开放性 敏感、自我控制、价值观、 勇于负责、个人综合能力		冲突解决、辩论文化、公正 提出方案的能力、全面思考 忠诚、团结、乐于助人 领导能力
	总体印象	逻辑性 思考的系统性和结构化方法 很少犯错 清晰 普遍的理解力		透明度 概括性 权衡的能力 经验水平 技能

资料来源：Hans Knoepfel, Klaus Pannenbacker, Gilles Caupin and Chris Seabury, *IPMA Competence Baseline* 2000. Copyright 2000 by International Project Management Association。

4. NCSPM（National Competency Standards for Project Management，澳大利亚全国项目管理标准）

NCSPM 是介于 PMBOK Guide 和 APMBOK 两种知识体系之间的一个混合物。NCSPM 认为成功的项目管理不仅应该掌握项目管理的专业知识，还要具备现场工作能力（Competency in Workplace），因此其知识体系应同时反映这两者的特征和要求。于是，它采用了将 PMBOK Guide 的九大知识模块和 APMBOK 的能力标准结合起来的混合结构体系。在认证程序方面，除了书面考试之外，还进行面试；在认证理念上，它认为项目管理能力标准不应仅局限于传统项目管理领域，而应成为一种可以在不同的企业和行业中应用的通用标准，因此在认证方面，AIPM 做出了将其能力标准与澳大利亚的国家标准 AQF 相统一的选择。

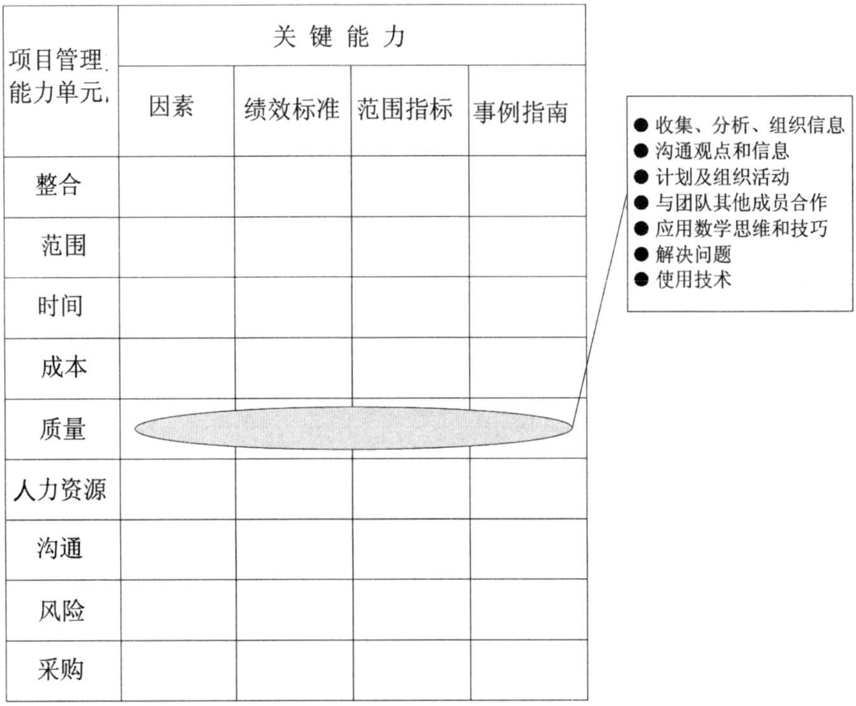

项目管理能力单元	关键能力			
	因素	绩效标准	范围指标	事例指南
整合				
范围				
时间				
成本				
质量				
人力资源				
沟通				
风险				
采购				

- 收集、分析、组织信息
- 沟通观点和信息
- 计划及组织活动
- 与团队其他成员合作
- 应用数学思维和技巧
- 解决问题
- 使用技术

图 2-2　NCSPM 的内容和结构

资料来源：Competency Standards Project Officer, Australian Institute of Project Management, *National Competency Standards for Project Management*, 1996。

NCSPM 的内容和结构如图 2-2 所示。它借用了 PMBOK Guide 的九大知识模块，形成了自身的九个能力单元，每一能力单元通过四个关键能力进行描述：①因素：每个单元由一些反映项目管理从业人员能力等级的因素组成；②绩效标准：对每个因素进行描述，指明要证明能力的绩效应该达到的成就，它们是评价能力的基础；③范围指标：描述能力因素应用的条件和事例；④事例指南：描述什么样的事例可以被行业或企业所接受，以之作为评估能力的参考。以上四个关键能力指标整合起来，可以用于评价项目管理者七个方面的能力：收集、分析及组织信息的能力；沟通观点和信息的能力；计划及组织活动的能力；与团队的其他成员合作的能力；应用数学思维和技巧的能力；解决问题的能力；使用技术的能力。NCSPM 的认证体系分为三个等级，每一级对项目管理的专业知识和技能有不同要求。可以看出，该知识体系架构的最大特点是将能力单元与关键能力相结合，既考虑了 PMBOK 的模块化知识分类，也借鉴了 APM 重视能力和素质的理念。

5. ISO10006（1997）

ISO10006（1997）描述项目管理的知识领域以及进行质量规范的目的，是为了保证项目管理的实施质量，这与其他项目管理知识体系追求提高项目从业人员的知识（或能力）的目标有所区别，因此，它没有设置职业认证体系或课程培训计划，而只是一份项目管理知识体系的解释及职业参考文档。ISO10006 参考了 PMBOK Guide 对知识模块的划分，同时吸收了 APMBOK 和 NCSPM 重视项目实施质量的理念，形成了将质量概念应用到项目管理的结构（见图 2 - 3）。

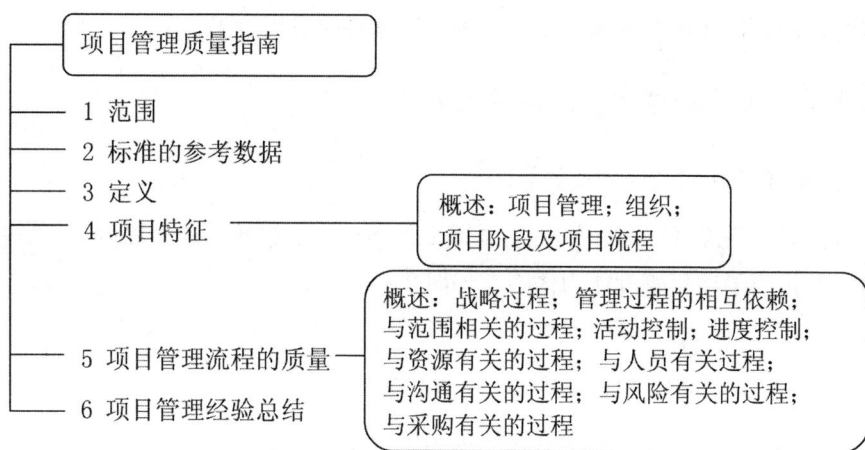

图 2 - 3　ISO10006 项目管理质量指南

如图 2 - 3 所示，ISO10006（1997）共分为六个部分，其核心内容是项目特征和项目管理流程的质量。项目特征部分对项目管理进行概述，包括实施的组织及流程；而项目管理流程的质量部分则首先介绍质量的要求、项目管理战略过程和管理过程的项目依赖关系，然后分别对范围、进度、资源、人员、沟通、风险和采购等过程进行描述。由此可见，ISO10006（1997）广泛借鉴了 PMBOK Guide 的内容，但是 ISO10006（1997）也有自己的特色：①将战略过程与项目管理结合起来；②强调管理过程中的相互依赖；③增加了"资源管理"一项，反映了

ISO 对资源利用效率的重视；④增加了"项目管理经验总结"一项，有利于实践经验的总结和吸收；⑤提供了一些标准的参考数据，有助于对项目管理理论和实践的进一步学习和理解。

综上所述，基于项目管理知识的相关研究从项目经理的角度提出了项目管理过程中的知识领域以及对项目经理的能力要求，比较有代表性的是美国、英国、澳大利亚等国以及国际项目管理领域的研究机构提出的项目管理标准，这些标准为项目经理如何组织项目资源实施项目任务提供了方法、工具和工作指南，为项目经理从事项目管理实践提供了有力的指导。然而，该类研究对项目经理和项目团队受到的外界影响的分析深度不够，如对项目资源的可获取性等，它们假设项目的外部条件可以满足项目实施和项目管理的需要，从系统论的视角来看，忽视了外部环境对项目管理系统的影响和输入的条件。由于项目临时性的特征，决定了项目资源的非独占性和临时性，项目经理能够正常开展工作的前提是得到了充分的资源和授权，此外，项目经理将这些知识体系进行消化吸收的过程受到自身水平的限制，这些都会影响到项目管理知识体系的应用效果。

2.2.2 基于项目管理能力的相关研究

1. 基于 PM 能力的研究

菅利荣、刘思峰（2006）运用系统工程的核心思想较系统地探讨了项目管理能力，并提出了项目管理能力体系，如图 2-4 所示。

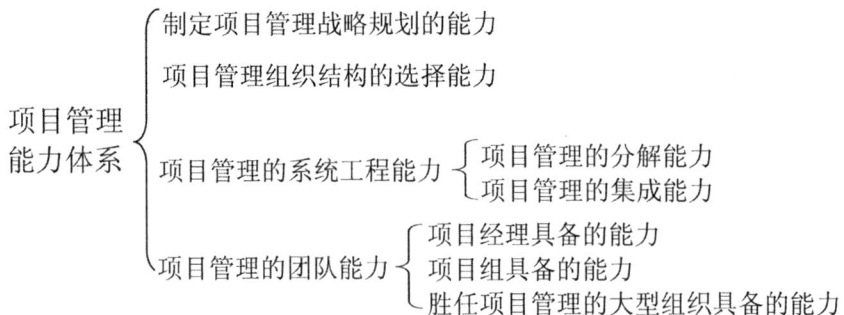

项目管理能力体系
- 制定项目管理战略规划的能力
- 项目管理组织结构的选择能力
- 项目管理的系统工程能力
  - 项目管理的分解能力
  - 项目管理的集成能力
- 项目管理的团队能力
  - 项目经理具备的能力
  - 项目组具备的能力
  - 胜任项目管理的大型组织具备的能力

图 2-4 项目管理能力体系

资料来源：菅利荣、刘思峰：《项目管理能力体系建设的研究》，载《工业技术经济》，2006 年第 9 期，第 108-111 页。

在此基础上，阐述了从项目管理的绩效和项目管理能力成熟度两个方面对项目管理进行评价。

杜春荣、王要武（2002）根据 Ayer、Frederick L 和 William R. Duncan 对能力的定义以及 Peter W. G, Morris 的研究，提出了建设项目管理能力的构成，如表2-3 所示。

表2-3　建设项目管理能力的构成

能力	含义
知识	1. 项目管理的知识与实践 PMBOK 指南、C-PMBOK 2. 一般管理知识与实践 系统科学、行为科学、社会学、心理学、人力资源管理、应用数学、计算机科学与技术、市场营销、法律…… 3. 建筑领域的知识和实践 建筑经济学、建筑技术经济学、建设项目管理、建筑工程施工……
技能	1. 一般管理技能 金融和会计、销售和市场、制造和发售以及信息收集、管理 企业战略规划、战术规划和实施规划 组织设计、组织行为、人力资源管理 福利待遇和职业培训 通过激励、授权、监督、控制、团队建设、绩效评价和其他技术来处理各种工作关系 通过个人时间、压力管理和其他技术方法来进行自我管理 领导艺术、沟通、谈判、求解…… 2. 人身安全管理方法、措施…… 3. 超技能特殊管理 组织创新、制度创新、管理创新和文化创新……
素质	思想素质、身体素质、道德素质、心理和文化素质……

资料来源：杜春荣、王要武：《建设项目管理能力配置研究》，载《哈尔滨建筑大学学报》，2002 年第 5 期，第 109-111 页。

2. 项目管理成熟度的研究

（1）软件能力成熟度模型

1987 年，美国卡内基梅隆大学的软件工程研究院（Software Engineering Institute，SEI）受美国国防部委托，率先在软件行业从软件过程能力的角度提出了软件能力成熟度模型（Capability Maturity Model For Software，SW – CMM），随后成为在全世界推广实施的一种软件评估标准。此后出现的项目管理成熟度模型大部分是基于美国软件工程研究院（SEI）开发的能力成熟度模型（CMM）。

软件能力成熟度模型主要用于软件开发过程和软件开发能力的评价和改进，侧重于软件开发过程的管理及工程能力的提高与评估。SW—CMM 自 1987 年开始实施认证，现已成为软件业最权威的评估认证体系。SW—CMM 为软件的过程能力提供了一个阶梯式的改进框架，它基于以往软件工程的经验教训，提供了一个基于过程改进的框架图，它指出一个软件组织在软件开发方面需要哪些主要工作、这些工作之间的关系以及开展工作的先后顺序，一步一步地做好这些工作而使软件组织走向成熟。SW—CMM 包括 5 个成熟度等级，共计 18 个过程域，52 个目标，300 多个关键实践。SW—CMM 模型的五个成熟度等级如图 2 – 5 所示。

①初始级：在这一成熟水平的组织，其软件开发过程是临时的、有时甚至是混乱的。没有几个过程是被定义的，常常靠个人的能力来取得成功。

②可重复级：在这一成熟水平的组织建立了基本的项目管理过程来跟踪软件项目的成本、进度和功能。这些管理过程和方法可供重复使用，把过去成功的经验用于当前和今后类似的项目。

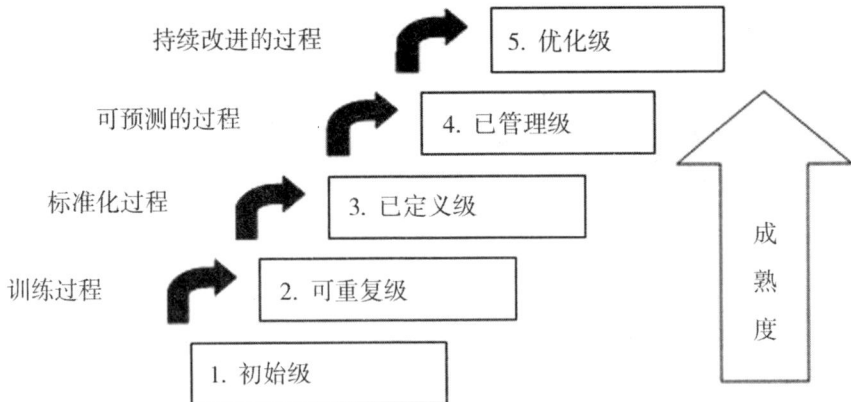

图 2 – 5　SW—CMM 模型的五个成熟度等级

③已定义级：在这个水平，管理活动和软件工程活动的软件过程被文件化、标准化，并被集成到组织的标准软件过程之中。在该组织中，所有项目都使用一个经批准的、特制的标准过程版本。

④已管理级：在这一水平，组织收集软件过程和产品质量的详细措施。软件过程和产品都被置于定量的掌控之中。

⑤优化级：处于这一成熟度模型的最高水平，组织能够运用从过程、创意和技术中得到的定量回馈，来对软件开发过程进行持续改进。

SW—CMM 为软件的过程能力提供了一个阶梯式的改进框架，它基于以往软件工程的经验教训，提供了一个基于过程改进的框架图，它指出一个软件组织在软件开发方面需要哪些主要工作、这些工作之间的关系以及开展工作的先后顺序，一步一步地做好这些工作而使软件组织走向成熟。

（2）Kerzner 的项目管理成熟度模型

哈罗德·科兹纳（Harold Kerzner）博士 2001 年在其著作*Strategic Planning for Project Management Using a Project Management Maturity Model* 中提出了项目管理成熟度模型 (Project Management Maturity Model，PMMM ，它通过项目将知识、技能、工具和技术以科学的流程框架为导向应用于项目活动来达成项目目标。K–PMMM 模型从企业的项目管理战略规划角度着手，像 CMM 一样分为通用术语、通用过程、单一方法、基准比较、持续改进 5 个层次，每一个层次象征着项目管理成熟度的不同程度。

Kerzner 提出的项目管理成熟度模型分为 5 个成熟度等级，如图 2 - 6 所示。

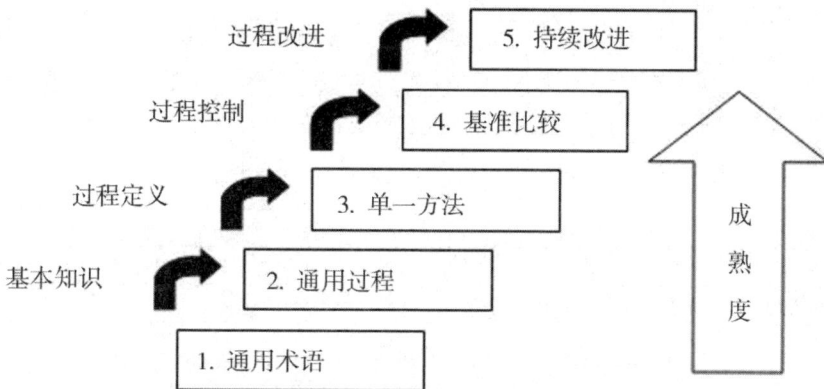

图 2 - 6　K—PMMM 模型的 5 个成熟度等级

①通用术语：在组织的各层次、各部门使用共同的管理术语。
②通用过程：在一个项目上成功应用的管理过程，可重复用于其他项目。
③单一方法：用项目管理来综合 TQM、风险管理、变革管理、协调设计等

各种管理方法。

④基准比较：将自己与其他企业及其管理因素进行比较，提取比较信息，用项目办公室来支持这些工作。

⑤持续改进：从基准比较中获得的信息建立经验学习文件，组织经验交流，在项目办公室的指导下改进项目管理战略规划。

该模型的应用采用了与众不同的问卷调查方法。分不同层次给出若干客观自我评估题。针对第一层次，有80道类似PMP考试的选择题；第二层次有20道评分题；第三层次有42道选择题；第四层次有24道评分题；第五层次有16道评分题。通过对这些问题的回答，可以汇总评估企业项目管理的成熟度，进而分析、整理、判断出存在的问题，分析不足和制定改进措施，为改善和提高企业的项目管理水平提供了依据。

（3）James & Kevin 的项目管理成熟度模型

James & Kevin 2003 年在 *Project Management Maturity：An Industry Benchmark* 一文中提出了项目管理成熟度模型，试图集成两个主流的评估模型：卡内基梅隆大学软件工程学院的能力成熟度模型和美国项目管理理协会的项目管理知识体系。该模型提供了一个框架，使得组织能够与最好的企业或自己的竞争者进行比较，最终确定一个结构化的改进路线，如图 2-7 所示。

PM 成熟度模型	第1级 初始过程	第2级 结构和标准过程	第3级 组织和制度过程	第4级 管理过程	第5级 优化过程
整体管理					
范围管理					
时间管理					
费用管理					
质量管理					
人力资源管理					
沟通管理	每个知识领域细分为为特定的部分，用于测定成熟度和制定改进计划。特定部分的数目在每个知识领域后面用括号表示				
风险管理					
采购管理					

图 2-7 JK—PMMM 模型

该模型为二维，第一维采用 SEI 的五级成熟度，第二维是描述 PM 的关键领域，采用 PMI1984 年制定的项目管理知识体系指南的九个领域：整体管理、范围管理、时间管理、费用管理、质量管理、人力资源管理、沟通管理、风险管理和采购管理。

项目管理成熟度模型虽然不是针对项目团队效能的研究，但是它们运用了系统式的思维方式，通过五个成熟度等级有步骤地、循序渐进地提升了项目的成功率。美国航空业于 20 世纪 90 年代初开始采用能力成熟度模型，无数对如波音、爱立信、Lockheed Martin、摩托罗拉、Tata Consultancy Services、Telcordia、Technologies 以及 Texas Instruments 公司的案例研究表明，以能力成熟度模型为指导进行的改进活动提高了项目团队的能力、改进了产品质量和缩短了生产周期。这种系统式的思维方式为项目团队效能成熟度的研究提供了理论和实践上的支撑。

3. 基于 PRINCE2 的研究

PRINCE 是 Projects in Controlled Environments（受控环境中的项目）的缩写，它是一种对项目管理的某些特定方面提供支持的方法，是组织、管理和控制项目的方法。自出现伊始，PRINCE 就广泛地被用于公共和私人部门。虽然开发 PRINCE 的原意是用于 IT 项目，但实际运用中，许多非 IT 项目也纳入了该标准。PRINCE2 是 1996 年推出的版本。PRINCE2 这种项目管理方法旨在为项目中要求的各种专业和活动提供一个总体框架。其关注的焦点在于商业论证、项目实施原因和项目预期收益。商业论证是项目启动阶段直至项目收尾整个项目管理过程，乃至项目收尾之后的驱动力量。

（1）PRINCE2 的管理过程

PRINCE2 提供覆盖整个项目生命周期的、基于过程的、结构化的项目管理方法，共包括 8 个过程（见图 2－8），即项目指导、项目准备、项目启动、阶段控制、产品交付管理、阶段边界管理、项目收尾、计划，这 8 个过程每个都描述了项目为何重要、项目的预期目标何在、项目活动由谁负责以及活动何时被执行等问题。

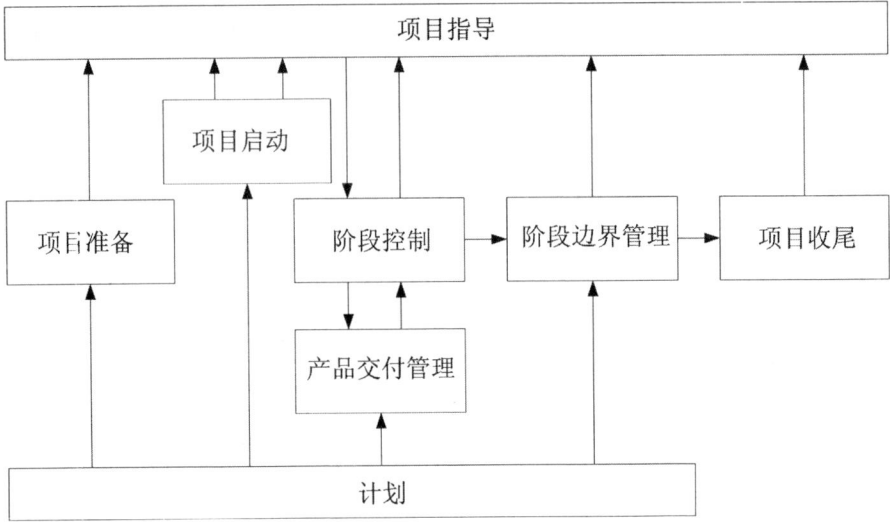

图 2 - 8　PRINCE2 过程模型

资料来源：〔英〕OGC 组织编写，薛岩、欧立雄译：《PRINCE2——成功的项目管理》，北京：机械工业出版社，2005 年。

（2）PRINCE2 的特点

PRINCE2 是基于过程的结构化的项目管理方法，适合于所有类型项目（不管项目的大小和领域，不再局限于 IT 项目），易于裁剪和灵活使用。每个程序定义关键输入、需要执行的关键活动和特殊的输出目标。该方法描述了一个项目如何被切分成一些可供管理的阶段，以便高效地控制资源的使用和在整个项目周期执行常规的监督流程。依据项目的大小、复杂度和组织的能力，该方法描述了项目中应涉及的各种不同的角色及其相应的管理职责。PRINCE2 的项目计划是以产品为导向的，也就是说项目计划强调项目按预期交付结果，而不是简简单单计划在何时该做何事。

一个 PRINCE2 项目由业务实例进行驱动。业务实例描述了组织为该项目的交付和输出结果提供的充分理由、委托事宜以及理论基础。实际上，业务实例用于描述启动和继续一个 PRINCE2 项目的信息，它给出了项目的动机，且回答了"为什么"。它在整个项目的若干关键点处被更新。

另外，程序管理和风险管理也初次被引入到 PRINCE2 中。PRINCE2 定义了与程序管理的接口，同时还定义了何时、如何对项目风险进行评估和再评估。

总的来说，PRINCE2 的显著特点包括：强调业务的合理性；为项目管理团队提供定义明确的组织结构；基于产品的计划方法；强调将项目划分为可控的、可管理的阶段，能灵活地应用于任何级别的项目。

上述文献表明，该类研究强调过程管理能力在项目管理中的重要性，认为项目经理进行有效的项目管理不能依靠项目管理的知识，还需要依靠项目经理应具备的技能和素质。该类研究提出了对项目的管理是从不成熟走向成熟的过程，该过程可以分为若干个递进的阶段，每个阶段表现出不同的项目管理特征。该类研究克服了项目管理知识体系研究的缺陷，但是，却仍然没有考虑来自外部环境的影响和外部资源的制约因素。

2.2.3 基于企业项目管理方法的相关研究

对企业项目化管理的研究始于对"项目管理的原则具有普遍性"的论证。Sharad（1986）指出按项目进行管理是一种重大突破，并阐述了这种方法可以应用于任何商业活动的原因。Turner（1993）指出随着组织对变化的响应，基于项目的管理已经成为新的一般管理方法。Russell - Hodge John（1995）对以顾客为导向的组织的全面项目管理进行了研究，指出组织的发展和将来竞争的本质将使得基于项目的管理方法成为标准管理方法。当然，在相关的研究中也有人提出质疑，Partington David（1996）通过对组织变革中项目管理的研究，指出尽管人们越来越认识到用基于项目的管理模式代替科层管理模式的重要性，但并没有认识到项目管理的目标、原则和技术与基于项目的组织形式的灵活性需求之间存在着不和谐。在项目化管理研究的基础上，人们提出了所谓企业项目管理，又称为项目管理组织专业化，其含义是：整个企业的战略方针、结构、员工队伍和工作程序等，都是为了持续地交付项目且要达到最好的结果。它以长期性组织为对象，核心思想是项目化的管理（或基于项目的管理，按项目进行的管理），它包含 3 个版图层次：项目管理、项目群管理、项目组合管理。

在国外针对企业项目管理的研究中，主要研究内容为多项目的管理，即项目组合管理和项目群管理，其中以项目群管理方面的研究最为突出。Pellegrinelli（1997）对项目群进行了定义，并创建了一个用项目群管理去组织基于项目的活动的基本框架，同时强调了项目群管理与项目管理的区别。Cooke - Davies Terry（2002）对项目成功的 12 个因素进行了探讨，指出影响企业持续获得项目成功的因素之一就是项目投资组合管理和项目群管理。Lycett，Rassau 和 Danson（2004）通过对项目群管理进行批判性评述，对项目群管理的标准方法提出质疑。

目前国内在项目化管理领域的研究相对较少，而且多半集中在对这种理论的评述上。葛宝山（2003）提出了企业全面项目化管理的背景、定义及组织与运作，阐明了企业经营管理与项目管理的相似性。蔚林巍（2004）对项目化的管理、项目组合管理等概念进行了介绍。白思俊（2004）指出按项目进行管理是企业迎接挑战的有力武器。程铁信（2004）评述了多项目管理的相关概念及存在的问题。桂维民（2004）从战略管理的角度提出了企业战略项目管理模式。侯灵明（2004）引用系统的观点进行分析，创立了"八层级""六系统"的"企业项目管理体系标准模型"。陈家建（2013）深入分析了项目制对基层政府动员的积极作用，指出项目制的"自我扩张"效应使得项目制越来越深入到政府体系中，具有持续性及不断增长的影响力。谷秀洁（2017）参考组织环境中的项目组合管理模型、明茨伯格组织理论，构建了包含战略、运作、项目和文化四个维度、五个层级的项目化管理成熟度模型。

该类相关研究从更高的层次（企业项目管理层）提出了项目管理的相关理论，为企业系统内部的项目管理活动提供了有力的指导。该类研究也对项目经理层面无法解决的问题从更高的层面上提出了解决方案，从而使项目经理可以得到来自企业项目管理层的资源保障和权力支持，从而为完成项目提供了必要的条件。该类研究还对企业中如何同时开展多个项目进行了有益的探索，研究视角仍然局限在单个企业的范围内。然而，随着组织分工的态势越来越趋于明显，各个组织都会集中资源承担自身最具专业优势的环节，多个组织共同合作完成一个项目的态势越来越普遍，如何保证来自不同组织的项目利益相关方合作实现项目目标，该类研究并没有提出解决思路。

综上所述，基于项目管理知识的相关研究从项目经理的角度提出了项目管理过程中的知识领域以及项目经理的能力要求，为项目经理从事项目管理实践提供了有力的指导，然而，由于项目经理的工作经验、个人悟性等存在差异，导致了他们对项目管理知识的消化吸收程度存在差异，影响了项目管理知识体系在管理项目中的实际效果。项目管理成熟度模型和基于 PRINCE2 的研究弥补了上述研究中存在的若干不足，提出了过程管理在项目管理中的重要地位，并提出了项目管理成熟度的实施方法论，然后上述两类研究都没有考虑项目临时性的特征而带来的权力限制和资源约束等现实问题。基于企业项目管理方法的相关研究从更高的层次（企业项目管理层）提出了项目管理的相关理论，为企业系统内部的项目管理活动提供了有力的指导，然而，该类研究与上述两类研究都没有考虑到多个组织合作参与项目而带来的问题。

2.3 项目利益相关方的内涵及其理论研究

PMI 认为，项目管理就是在项目中运用专门的知识、技能、工具和方法，使项目能够实现或超过项目干系人的需要和期望。这种定义的前提是项目管理关注的焦点是项目经理和项目团队内部，基于此，传统的项目管理的范围也都局限于项目本身、是针对项目内部而言的，强调以单体项目为中心的管理过程，项目经理作为管理组织中的核心，其职责是要实现项目控制的三大目标。随着对现代项目管理理论研究和实践探索的深入，传统的"项目铁三角"管理模式已受到人们的质疑，许多造成项目受挫或失败的问题只能从项目团队外部更广泛的利益相关方层面而不能从项目经理的层面上予以解决，迫使人们在项目管理之外探索对项目的管理模式。在此基础上，对项目利益相关方管理的研究成为必然。

利益相关方，源自于英文"Stakeholder"一词，被翻译为"有争议的财产保管人、赌金保管者"，也有翻译为"利益共享者"。Stakeholder 理论起源于企业管理领域，最早由斯坦福研究所在 20 世纪 60 年代提出，到 20 世纪 80 年代逐步发展完善，成为公司治理和权益保护的理论依据。美国经济学家弗里曼给出的 Stakeholder 定义如下：能够影响一个组织目标实现的个人或者组织，或者能够被组织目标实现影响的个人或组织，这个定义逐渐为大家所认可。Project Stakeholder 是 Stakeholder 理论在项目管理上的应用，Project Stakeholder 有如下几种定义：

①PMBOK 中的相关定义：积极参与项目，以及其利益受项目的执行和结束积极影响或消极影响的个人或者组织，例如客户、赞助商、执行机构和公众；他们可以对项目及其工作产品施加影响。

②RUP（Rational Umified Process，统一软件开发过程）中的相关定义：受系统输出或者开发系统的项目重大影响的个人或组织。Stakeholder 有 3 种中文翻译：1）干系人，该种翻译方式多见于对 PMI 所出版的项目管理报告、标准和文献中。2）涉众，该种翻译方式多见于统一软件开发过程相关的书籍或网站。3）利益相关方/利益相关者，该种翻译方式多见于企业管理方面的书籍或网站，以及国际项目管理协会所出版的项目管理报告、标准和文献中。

本书认为，尽管各种翻译方式略有不同，但是有一点可以达成共识的是，这些被称为项目利益相关方的组织或个人可能对项目产生积极或者消极的影响，因此，识别项目的利益相关方以及他们对项目可能产生的影响，是项目管理的首要环节，一切项目管理的相关活动都必须着眼于项目的利益相关方。

有效的项目管理需要整合资源来完成特定的任务，上文中已经解释了关于资源的归属问题。然而利益相关方投入自身的资源参与项目是需要获得收益的，只有他们认为他们值得投入资源时，才会参与项目，只有他们在整个资源投入的过程中始终能够通过自身商业论证，才能坚持对自身资源投入所做的承诺。因此，如何让利益相关方作出对资源的承诺、在其参与项目或项目的某些阶段中能够始终保持承诺，是项目管理研究的重要内容，也是需要进行项目利益相关方管理的重要原因。当前有关项目利益相关方管理的研究主要基于结构视角和过程视角展开。

2.3.1 基于结构视角的项目利益相关方管理研究

Bill McElroy 和 Chris Mills （2005） 提出了项目利益相关方识别矩阵，如图 2 -9 所示。

同盟	次级利益相关方 可能会改变主要利益相关方的态度	积极的关键（或主要）利益相关方
敌人	次级利益相关方 可能会改变关键利益相关方的态度	消极的关键利益相关方
	不能影响结果	能影响结果

图 2 -9　项目利益相关方识别矩阵

在此基础上，他们对利益相关方的目标及其对项目的了解程度、支持程度、影响程度进行分析并得到相应的策略建议。他们认为利益相关方对项目存在两种特征：承诺和认识。"承诺"是指利益相关方对项目的支持程度；"认识"是指利益相关方对项目的了解程度。根据两个要素将相关方对项目的影响划分在四个象限中，如图2 -10所示。在此基础上，针对不同区域的利益相关方采用不同的管理策略和获得承诺的沟通任务。

	反对	支持
了解	4	1
不了解	3	2

认识（左侧）　态度（下侧）

图 2-10　划分项目利益相关方认识的基础

Lynda Bourne（2006）提出了将项目管理办公室（PMO，Project Management Office）作为一种交付组织战略目标的支持方式的本质和结构。并且提出了一个利益相关方圆环模型™作为利益相关方管理和衔接战略的方法和工具。如图 2-11 所示，不同编码用来区分利益相关方团体：高级经理（向上，标成甲），项目外部的利益相关方（向外，标成乙），项目团队（向下，标成丙），项目经理的同阶（标成丁）。总结这些关系并展示优先级编号、每群利益相关方的"影响方向"以及与项目的性质。

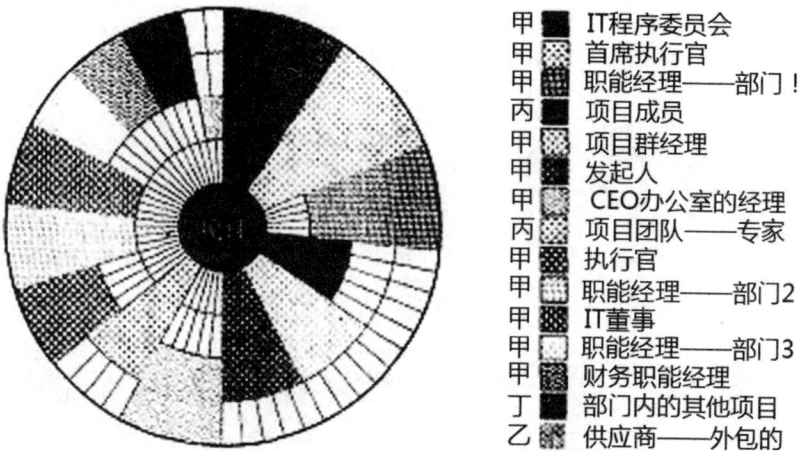

甲　IT程序委员会
甲　首席执行官
甲　职能经理——部门！
丙　项目成员
甲　项目群经理
甲　发起人
甲　CEO办公室的经理
丙　项目团队——专家
甲　执行官
甲　职能经理——部门2
甲　IT董事
甲　职能经理——部门3
甲　财务职能经理
丁　部门内的其他项目
乙　供应商——外包的

图 2-11　项目利益相关方圆环™模型

资料来源：Lynda Bourne，余晖译：《提升 PMO 的绩效》，载《项目管理技术》，2006 年第 5 期。

她认为 PMO 是项目利益相关方管理的承担者，PMO 可以使用利益相关方圆环™进行项目利益相关方的识别和排序，以及开发管理利益相关方的策略。因此项目利益相关方的管理包括以下环节：①利益相关方的识别；②利益相关方的排序；③保持衔接；④利益相关方团体的流动。以上环节中识别、排序和衔接利益相关方的过程不是一次性的事。当他们在组织内变动或者离开组织时，利益相关方在变化；他们对 PMO（或自身的项目）的相对重要性和他们的权力、影响力也在变化。当每个项目通过项目生命周期或执行阶段时，不同的利益相关方对项目和随之而来的 PMO 有或多或少的影响。利益相关方评价过程或许必须全部或部分地被重复多次。为了最有效，每当项目经历自身生命周期的阶段时，或当利益相关方团队变化时，评价应当时常被更新以反映项目之间的动态本质。

丁荣贵（2008）则提出从"角色、任务、过程"三个维度对项目利益相关方进行识别的模型（见图 2 - 12），其中过程维用来表明项目目前所处的阶段和过程。由于项目的利益相关方在不同的阶段和过程中会有进入和退出，因此各阶段和过程的相关方是不同的，在项目启动时也不可能完全把整个项目不同阶段不同过程的相关方完全识别出来。

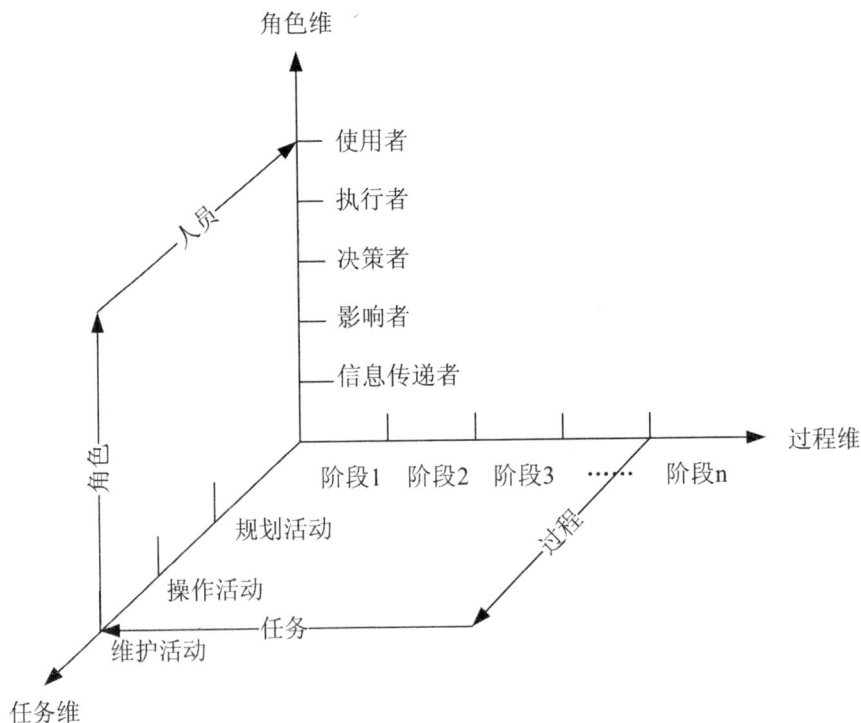

图 2 - 12 项目利益相关方识别的三维模型

资料来源：丁荣贵：《项目利益相关方及其需求的识别》，载《项目管理技术》，2008 年第 1 期。

　　卢毅（2006）提出了项目利益相关方分析的四步法：①无遗漏地识别项目的利益相关方；②按重要性对利益相关者进行分类；③按支持度对利益相关方进行分类；④使用利益相关者分析坐标格进行分析。通过这四步分析，形成如图 2 - 13 所示的坐标系。

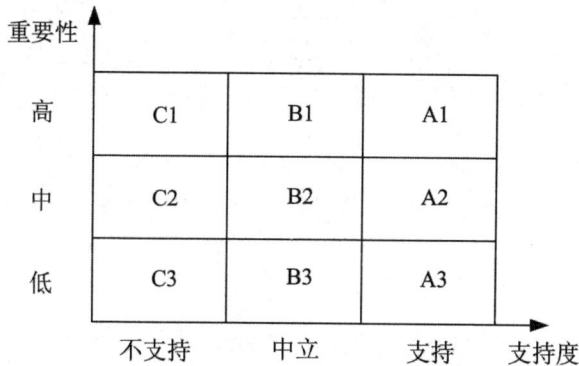

图 2 - 13　项目利益相关方分析坐标

　　图中，"A、B、C"代表支持程度，其中"A"代表"支持"，"B"代表"中立"，"C"代表"不支持"；"1、2、3"代表重要性程度，其中"1"代表"高"，"2"代表"中"，"3"代表"低"。

　　资料来源：卢毅：《项目利益相关者分析的"四步法"》，载《项目管理技术》，2006 年第 11 期。

　　同 Bill McElroy 和 Chris Mills 的研究一样，卢毅的研究同样提出了基于不同维度的坐标分类法，对项目利益相关方进行分类，以便对同类的相关方进行有针对性的管理。

2.3.2　基于过程视角的项目利益相关方管理研究

　　Bill McElroy 和 Chris Mills（2005）认为项目经理必须对项目的利益相关方管理负责，项目经理必须做到以下几点：①识别利益相关方，特别是关键的利益相关方；②确定使每个利益相关方满意的要素；③采取适当的行动来确保利益相关方满意；④监督这些行动的效果；⑤如果没有完成期望的产出物，则准备好进行纠偏的行动。他们认为项目的利益相关方管理需要遵循如图 2 - 14 所示的过程。

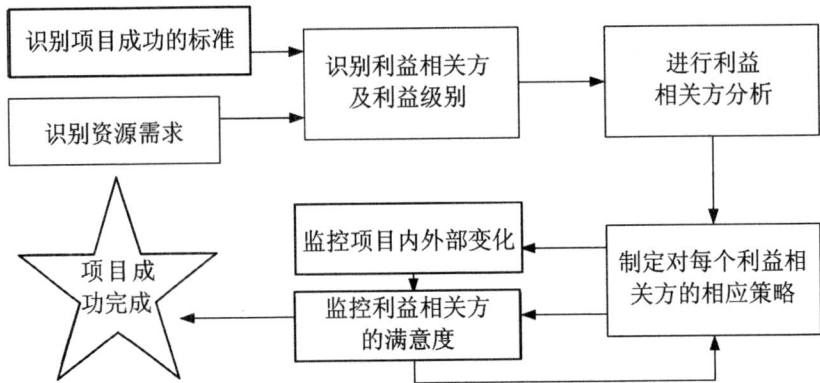

图 2-14 利益相关方的管理过程

资料来源：J. Rodney Turner 主编，戚安邦等译：《项目的组织与人力资源管理》，天津：南开大学出版社，2005 年。

从项目利益相关方管理理论来看，由于缺少对以上问题深入的思考和探索，导致目前的研究仅仅在描述项目利益相关方管理的过程，采用定性的方法来告诉人们项目的利益相关方管理应该"做什么"，而对"为什么做"，尤其是"如何做"缺少定量的分析，使得对相关方的管理要靠承担者的感性认识和软技能。过分地依赖个人的灵感和管理艺术来实现项目的利益相关方固然可能成功，但是这种不可复制性和不稳定性，使得对该问题的研究价值和对营销项目管理实践应用的推广存在明显的难以复制的局限性。

综上所述，当前学术界对客户关系管理和利益相关方的文献很多，但是客户关系管理的研究关注焦点在于客户，很少关注客户之外的其他利益相关方，而目前关于利益相关方管理的研究重点关注的是项目中单个的利益相关方，缺少对项目中不同利益相关方之间协作关系的研究。大多数情况下，不能有效获取项目资源，导致管理活动效率低下或成效差异很大。其根本原因在于，来自组织外部的项目利益相关方之间的关系缺少约束，存在很大的不确定性，项目成功率低下或成效差异很大也就在所难免。为此，需要从利益相关方关系层面解决目前理论研究和应用实践中存在的问题，而项目治理主要就是对各利益相关方的关系进行研究，因此，从治理的层面，对项目利益相关方管理进行研究的必要性凸显。

2.4 项目治理内涵及相关理论研究

项目治理来源于公司治理和项目管理，与二者既有关系又有区别。在公司治理和项目管理的基础上，人们根据需要提出了项目治理。目前关于项目治理的研究还处于起步阶段，主要包括三个方面的研究成果：基于公司治理的理论；基于治理结构的理论；基于过程角色的研究。

2.4.1 基于公司治理视角的项目治理研究

Winch（2001）秉承了 Williamson 的交易费用理论中的治理理论，对项目的全生命周期的交易进行微观层次的治理分析，跳出了以往只关注某一具体交易的局限，建立了建设项目全过程包括利益相关方在内的交易治理理论框架。在他的理论框架中，提出了垂直交易治理和水平交易治理两个维度，把业主、总承包商、建筑师、供货商等都纳入了垂直交易治理范围，认为三方治理是有效的治理方法。该概念强调了利益相关方的利益。

Turner（2005）强调了项目经理的重要地位，认为项目经理不仅是这个临时性组织的主要执行者，而且是作为委托人的代理，把项目的拥有者看作是委托人，项目经理看作是代理人，形成了项目契约组织中的委托—代理关系。

Turner（2005）指出项目治理涉及项目管理层、项目指导委员会（或者管理团队）、母公司或者客户、以及其他利益干系人之间的各种关系。项目治理提供了一种结构，通过这种结构，可以制定项目目标，并决定实现这些目标和监控绩效的方法。项目型组织中存在三个治理层次，如图 2-15 所示。

图 2-15　项目管理治理的三个层次

在公司治理层次上，公司治理支撑着项目管理、大型项目计划管理和项目组合管理（Project，Programme and Portfolio Management，PPPM），反过来 PPPM 又支撑着公司治理；在公司治理和单个项目之间的层次上，通过适宜的项目组合和大型项目计划治理和管理机构来支持单个项目，并通过提高项目管理能力实现项目、大型项目计划和项目组合的良好运作；在单个项目的层次上，需要治理机制来保证项目能够交付正确的产品，并保证交付的产品能够实现预期的商业收益。

王玉林（2005）也结合对公司治理理论的理解和对工程项目管理问题的认识，提出了工程项目治理的利益相关方模式，如图2-16所示。

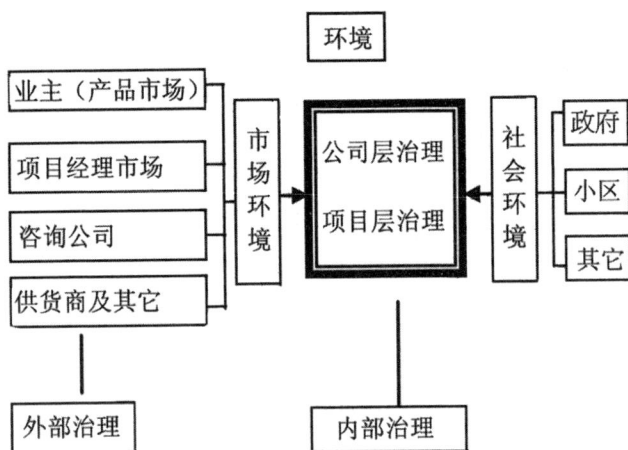

图2-16　工程项目利益相关方治理结构图

资料来源：王玉林：《工程项目治理研究》. 郑州：郑州大学学位论文，2005年。

骆亚卓，薛声家（2011）利用治理模式云和治理模式连续体工具，探索性地建立了一个基于威廉姆森治理分析理论的三维分类模型，以期在一个统一的分析框架下分析建设项目治理模式。在此基础上，用DBB（Design-Bid-Build，设计—招标—建造）模式下的设计交易治理模式选择进行了示例分析，考察了所提出的分类概念模型的逻辑性。

公司治理的研究以交易费用为衡量治理方式有效与否的主要标准，在交易费用理论引导下，委托代理及其博弈关系等成了建立项目参与各方之间关系的基本形态。然而，交易费用主要是从治理的效率角度出发而不是从治理的效果出发，更不是从项目利益相关方满意与否的角度出发，项目利益相关方之间的博弈关系与彼此之间的信任、共赢关系的基点也不会一致。在公司治理中，利益相关方之间的关系是一种基于"契约"的"委托代理"关系，而且它们所谈到的利益相关方主要是指股东、债权人和经营者，对供货商、员工特别是企业一直标榜的

"客户"大多被轻描淡写地一掠而过。公司治理与项目治理的本质区别决定了项目治理理论不可能从公司治理的思维方式得到。在项目治理中，客户、供货商是重要的利益相关方，而且利益相关方之间是协同的工作伙伴关系。关于权力，二者也有本质区别，公司治理中的权力是建立在产权关系之上的，权力来自于对公司资源的拥有程度，拥有程度越高，权力越大，反之权力越小。项目治理中利益相关方的权力是对其所承担角色责任的补偿。

2.4.2 基于治理结构视角的项目治理研究

Keith Lambert（2003）认为，所谓项目治理就是指围绕项目的一系列结构、系统和过程，确保项目有效的交付使用，彻底达到充分效用和利益实现。然而，这一系列结构、系统和过程都包括什么，应该是一种什么样的框架结构，以及项目治理应该是哪几个层次的事情，以哪些层次为中心，他都没有进一步阐明。

王华、尹贻林（2004）基于对工程项目不同利益主体之间的权、责、利关系，及其所衍生出来的委托—代理问题，提出了工程项目治理结构，如图 2 - 17 所示。

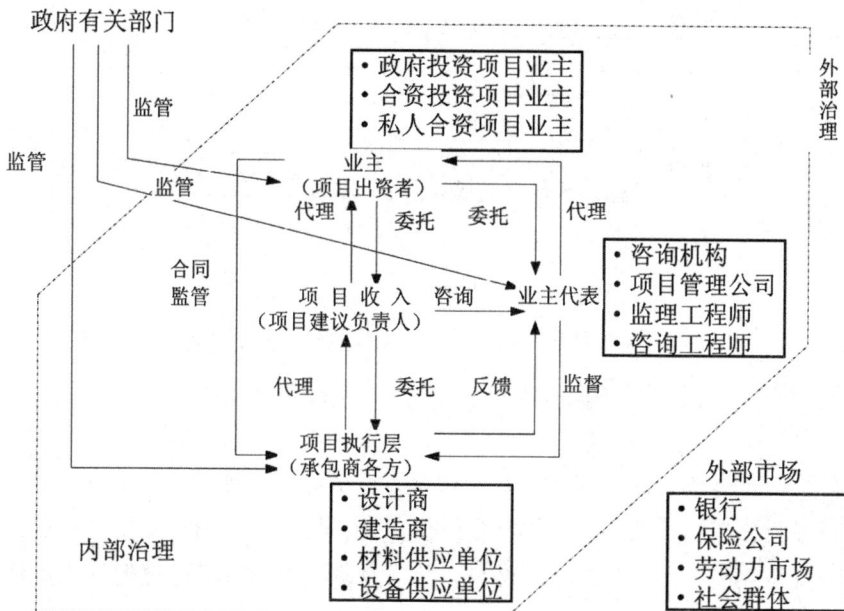

图 2 - 17　工程项目治理结构示意图

资料来源：王华、尹贻林：《基于委托－代理的工程项目治理结构及其优化》，载《中国软科学》，2004 年第 11 期，第 93 - 96 页。

陈长兵（2006）指出项目治理结构是一种制度框架，确定了各利益相关方之间的责、权、利关系，并按此安排完成预期的建设目标，并提出了核电工程项目治理机构模型，如图 2 – 18 所示。

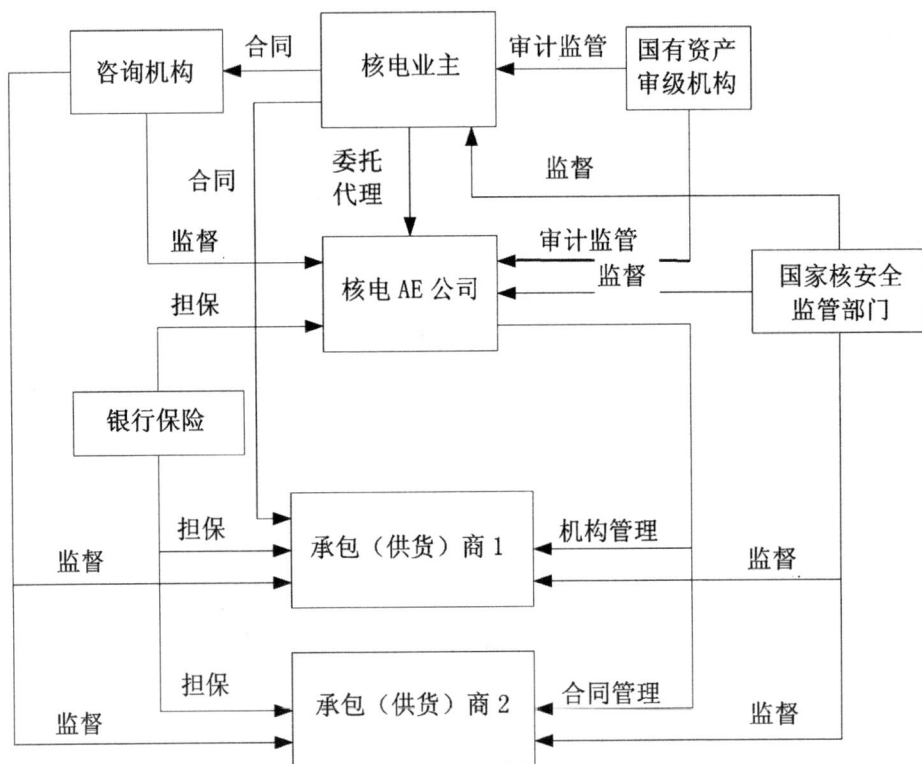

图 2 – 18　核电工程项目治理结构模型

资料来源：陈长兵：《我国核电工程项目治理结构的经济学分析》，载《中国核工业》，2006 年第 10 期，第 36 – 38 页。

严玲、尹贻林、范道津（2004）指出，所谓项目治理是一种制度框架，体现了项目参与各方和其他利益相关方之间权、责、利关系的制度安排，在这种制度框架安排下完成一个完整的项目交易，并通过研究指出项目治理的核心是建立一种制度框架，然后提出了公共项目治理的一般框架，如图 2 – 19 所示。但这种架构只是表达了项目治理中各利益相关方的位置关系，并没有说明各相关方责、权、利等制衡关系以及项目治理的核心是什么。

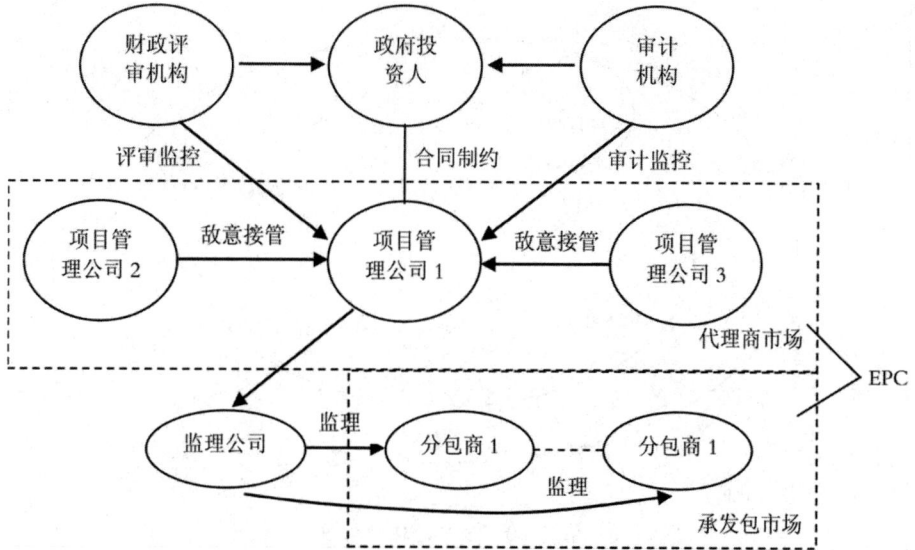

图 2 - 19　公共项目治理结构图

资料来源：严玲、尹贻林、范道津：《公共项目治理理论概念模型的建立》，载《中国软科学》，2004 年第 6 期，第 132 页。

　　杨飞雪等分析了项目治理结构中的治理核心问题，指出项目治理的核心是项目经理层，其面向的是较为刚性的内部组织结构、较为柔性的合同共同体，以及更为松散的外部利益相关方。而且，还根据合同关系的紧密程度，把项目治理分为内部治理、外部治理和环境治理（见图 2 - 20）。丁荣贵（2006）则认为将项目经理层作为项目治理的核心是不妥的，这表明研究者们不了解企业，因为决定项目成败的很多原因甚至大部分原因在项目经理的层面上是不能解决的。

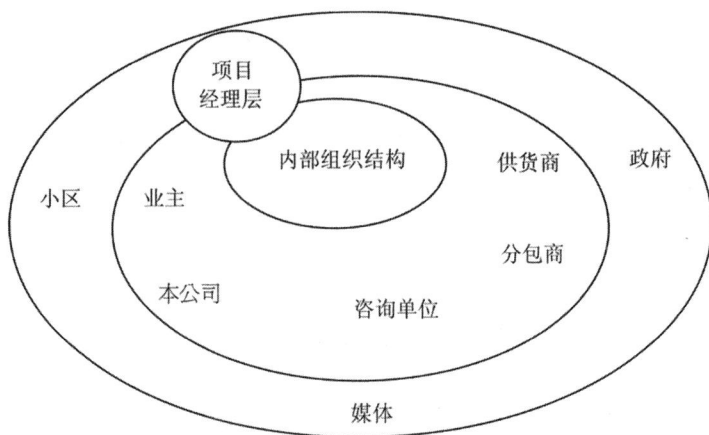

图 2 - 20　项目治理结构图

资料来源：杨飞雪、汪海舰、尹贻林：《项目治理结构初探》，载《中国软科学》，2004年第 3 期，第 82 页。

严玲、赵黎明（2005）指出项目的本质是一种临时性契约组织，随着社会分工加深，项目投资形成的所有权和控制权逐渐分离，形成了项目契约组织内部的委托代理关系。在契约不完备和存在代理人问题下，项目契约组织中代理问题的解决是基于新的理论范式：项目治理理论。项目治理结构的内核因子是项目所有权和项目治理主体。并以公共项目为例，提出了公共项目治理模式的一般架构，包括内部治理和外部治理结构以及三大治理机制：内部治理机制、外部治理机制和政府经济监督机制，如图 2 - 21 所示。

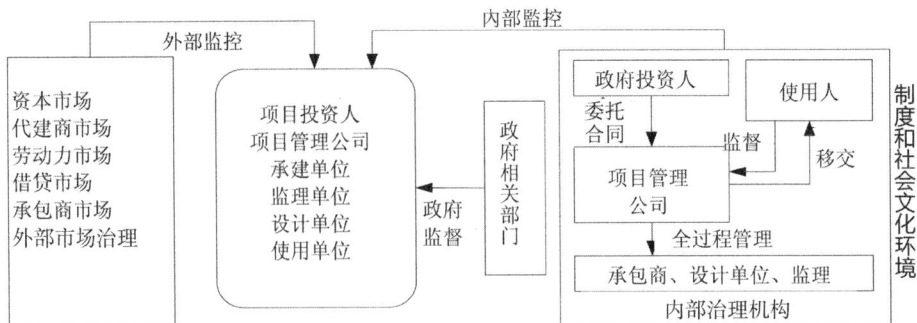

图 2 - 21　公共项目治理模式的一般架构

资料来源：严玲、赵黎明：《论项目治理理论体系的构建》，载《上海经济研究》，2005年第 11 期，第 104 - 110 页。

汤伟刚、严玲、尹贻林（2006）在对公共品供给模式分析的基础上探讨了公共项目契约的形成和交易治理模式，提出了代建制下的政府投资项目治理框架，如图2－22所示。

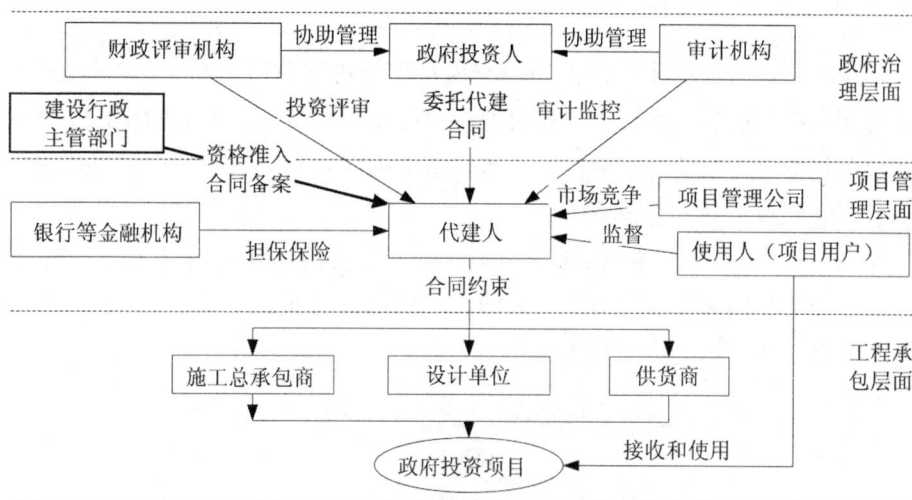

图 2－22 代建制下的政府投资项目治理框架

资料来源：汤伟刚、严玲、尹贻林：《公共项目交易中的治理模式研究》，载《财经问题研究》，2006 年第 7 期，第 71－77 页。

从上可见，许多学者提出了项目治理的结构，但是在理论研究上还没有形成统一的认识，说明不存在适合多个或多类项目的治理结构。由于项目的特殊性，项目治理结构需要定制，而且项目过程中，每个时期都具有不同的治理结构，利益相关方之间的责任、角色、权力也是随之变化的。项目经理不能成为项目治理的核心，且事实也证明：大量造成项目失败的问题只能从组织层面而不能从项目经理的层面上予以解决，因为项目经理通常并不是组织的高管人员，往往不能全面掌握所需要的所有资源，必须由利益相关方和职能部门提供所需的资源，并由高管人员不断协调这些组织或部门之间的相互关系。

在公司治理的研究中，大量研究侧重于公司治理结构、结构中存在的问题以及解决问题的方式，治理结构常常作为研究的出发点。在以上的项目治理研究中，很多学者也延续了这种观念，即从治理结构开始研究。项目具有特异性，这些特异性不仅在于每一个项目的目标不同，更在于项目资源的来源，或者说项目利益相关方不同，这也是项目在某种程度上可以被定义成"特定的组织"的原因所在。基于治理结构视角的项目治理理论并不适合项目治理实践，试图用一种结构方式来界定这些不同项目、不同利益相关方之间的关系，而且是静态的权力关系，显然是不合理的。

2.4.3 基于治理过程角色视角的项目治理研究

黄孚佑（2006）指出项目治理是对项目建设过程和项目相关的结构进行指导、协调和控制的管理活动。项目治理活动应在收益与风险平衡的基础上展开，以提高项目的投资效益为直接目标。项目治理的内容和应用形式包括项目决策、质量管理和风险管理三个领域。

John McKusker 和 Leslie Crair（2006）认为项目治理是组织定义的一系列基本结构、流程、制度，并提出了一般项目治理模型（见图 2 - 23），定义了各方角色、责任、权利和义务（见表 2 - 4）。

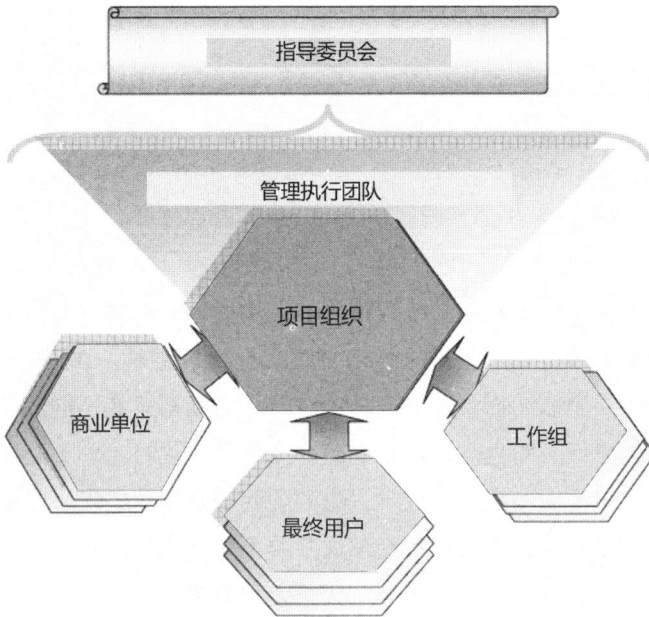

图 2 - 23　一般项目治理模型

资料来源：John McKusker and Leslie Crair, *Establishing Project Governance - A Practical Frame Work to Manage Risk*, *Provide Verification and Validation Processes*, *and Ensure Compliance with Sarbanes - Oxley*. Proceedings of the International Conference Practical Software Quality & Testing, September 11 - 15, 2006 Minneapolis, MN。

表 2-4 利益相关方角色、责任、权利和义务

相关方	角色	责任	权利来源	义务
指导委员会	项目批准人治理政策制定者 资源冲突解决者 资金提供者/预算控制者 进度评审者	批准项目 维持治理 解决跨项目冲突 提供项目资金 评审项目状态	公司/组织章程	对信息总管或主管负责
管理执行团队	为项目提供总体方向和指导	批准项目计划 管理项目约束 监控项目进度并解决相关问题 评审并批准预算和进度调整	项目章程	对指导委员会负责
项目组织	执行项目计划	计划，监控和实施项目活动 里程碑及项目交付物	项目章程	对管理执行团队和指导委员会负责
商业组织	为项目团队提供专门技术	促进项目团队与客户/最终用户之间相关事宜的处理	项目章程	对项目组织和客户负责
工作组	就项目实施过程中碰到的特殊问题提出专业的解决方案	推荐项目问题解决方案	项目章程	对项目组织负责

资料来源：John McKusker and Leslie Crair：*Establishing Project Governance - A practical frame-work to manage risk*, *provide Verification and Validation processes*, *and Ensure compliance with Sarbanes - Oxley*. proceedings of the International Conference Practical Software Quality & Testing, September 11 - 15, 2006 Minneapolis, MN。

John McKuske 和 Leslie Crair（2006）的研究并没有说明这一系列角色、责任是如何得到的，以及它们随着项目的实施是如何变化的。

同时，不能明确利益相关方的角色和责任，不能建立起项目利益相关方之间的关联关系，失去了项目利益相关方对项目的支持，项目是无法取得成功的，也无法复制项目的成功。

丁荣贵（2007）提出了明确项目治理过程的 P - R^4 模型（见图 2 - 24），其中 P 代表一个统一的过程，基于这个过程，项目的各个利益相关方分析参与项目

给自己带来的风险（Risks）以及为了化解这些风险需要自己及其他相关方承担的责任（Responsibilities），在此基础上，进一步明确各自在项目生命周期各个阶段、各个任务中要扮演的角色（Roles）以及通过谈判、博弈等方式确定这些角色之间的关联关系，（Relationships）并使他们接受这些关联关系，从而得到项目治理方式。在整个过程中，风险是项目各利益相关方考虑治理关系的出发点。

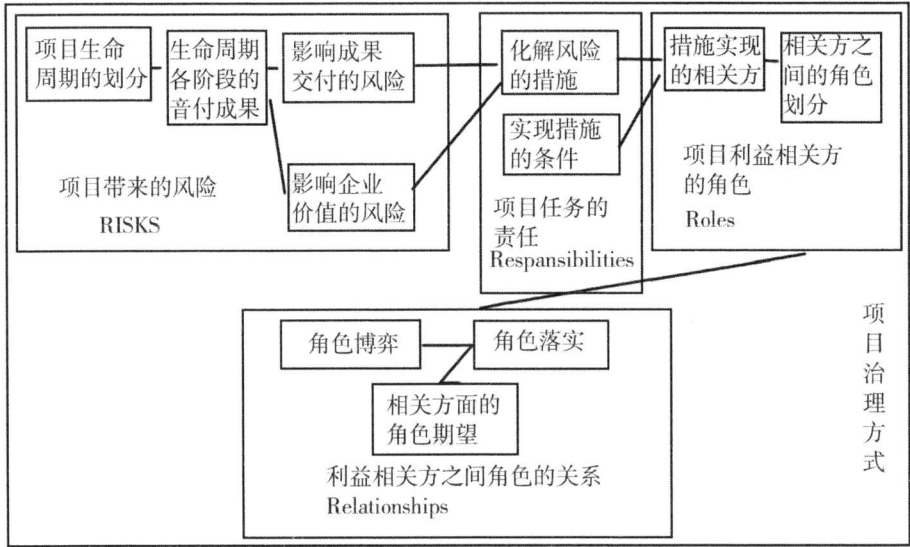

统一的过程（Unified Process）

图 2-24　项目治理 P-R^4 模型

资料来源：丁荣贵：《基于企业风险管理系统的项目责任制》，载《项目管理技术》，2007年第 3 期，第73-76页。

在项目生命周期的不同阶段，项目治理涉及的项目利益相关方各有不同。这意味着不同的项目、项目生命周期的不同阶段、不同阶段的不同任务都必须有不同的治理方式，不可能有单一的项目治理方式可以满足所有的项目和贯穿项目的整个过程，对其研究也不能停留在一些特定的方法之上。但是，可以通过一个统一的过程来为不同的项目提出与其相匹配的项目治理方式，该类研究逐渐成为项目治理研究的重要发展方向（张宁、丁荣贵，2014）。

将以上分析进行汇总，可以将项目治理的研究现状进行归纳，如表 2-5 所示。

表 2 - 5　　项目治理的研究归纳总结

研究者	主要观点及创新
J. Rodney Turner	项目治理提供一套可以以此设定项目目标、制定实现目标的手段和监控绩效的手段的体系
Keith Lambert	项目治理即围绕项目的一系列结构、系统和过程，确保项目有效的交付使用，彻底达到充分效用和利益实现
Graham M. Winch	提出建设项目全寿命周期包括利益相关者在内的交易治理概念框架，分为垂直交易治理和水平交易治理两个维度
严玲、尹贻林、范道津	项目治理结构是一种制度框架，体现了项目参与各方和其他利益相关者之间权、责、利关系的制度安排，在这种制度框架安排下完成一个完整的项目交易。作者对项目治理给出定义，并针对公共项目，给出其治理结构、治理模式的一般架构，以及治理与管理的系统整合
黄孚佑	项目治理是对项目建设的过程和项目相关的结构进行指导、协调和控制的管理活动
丁荣贵	通过建立和协调项目利益相关方之间治理角色关系以提高项目成功性的过程。项目治理中利益相关方之间是协同的工作伙伴关系，利益相关方的权力是对其所承诺角色责任的补偿；项目治理结构是由项目利益相关方构成的动态角色网络；不同项目的治理方式可以通过统一的过程得到

从以上分析可以看出，基于公司治理视角和治理结构视角的项目治理理论并不适合项目治理实践，因为环境的动态变化性和项目的独特性不存在一个静态的、适合项目治理过程的治理框架。实际上，项目治理结构是由项目利益相关方构成的动态角色网络。为此，需要建立整个组织的项目管理平台和秩序，通过一个统一的过程来基于不同的项目得到与其相匹配的不同的项目治理方式。正如前述，所谓项目治理，是指缔结利益相关方之间连接的结构、过程和方法，其目的在于为实现项目目标而提供有效的管理环境。为提供这种管理环境，必须要把内、外部利益相关方都纳入治理体系范围内。

基于过程角色视角的项目治理研究，因其用统一的过程模型得到适合不同项目特点的治理结构，已经逐渐成为项目治理领域的重要研究方法，其中的 $P - R^4$ 模型在一定程度上克服了前面两种治理理论的缺陷，是比较适合的项目治理分析模型，但仍然存在不足之处：第一，该模型是丁荣贵（2007）教授在 John McKusker 和 Leslie Crair（2006）所提出的一般项目治理模型基础上，针对其不能明确利益相关方的角色和责任，不能建立起项目利益相关方之间的关联关系等不足，进一步提出来的。但是，丁荣贵教授的"项目治理过程的 $P-R^4$ 模型"是以一般行业项目治理风险为切入点，没有说明是哪个层次的风险，很容易陷入项目风险管理的研究领域。第二，该模型只强调利益相关方承担的责任和扮演的角色，却没有谈到其驱动力——利益相关方需求。因此，本书将以前人的理论为基础，根据电信行业大客户营销项目特点，首次提出大客户营销项目治理模型，研究大客户营销项目治理过程以及关键控制环节。

第 3 章 研究设计

本章首先提出本书所设计的实证架构与研究假说，对数据的来源与样本的选择进行说明，并对问卷的设计、发放与回收、统计过程进行设计，对本书所使用的研究方法进行说明。

3.1 概念原型与假设模型

通过对某电信运营商 G 省大客户营销实践存在的问题进行分析，参阅相关文献，在对大客户营销理论和实践问题分析的基础上，提出本书研究的问题：电信大客户营销项目治理方式研究。通过分析某电信运营商 G 省分公司大客户营销实践，发现其主要存在三个问题：第一，在大客户营销项目立项过程中，偏重于技术、经济可行性分析，对项目管理可行性分析的制度尚待建立、完善；第二，项目全生命周期风险管理机制有待建立；第三，对项目过程中各利益相关方责任明确、角色界定以及角色关系建立的方法有待于进一步加强。而大客户营销理论以及项目管理理论尚不能有效解决上述问题，因此，本书试图采用项目治理理论解决该问题。

3.1.1 电信大客户营销项目治理过程的概念原型

通过对有关项目管理、项目治理文献的收集和分析，以及对电信大客户营销项目管理的案例研究，选择本书拟采用的项目治理分析模型。当前关于项目管理理论的研究主要包括项目管理知识体系的研究、项目管理能力的研究以及企业项目管理方法的研究，但仍没有克服项目管理理论固有的缺陷——以项目经理为核心。因此，难于从项目管理理论中找到适合本书的分析模型。关于项目治理的理论研究，虽然还处于探索阶段，但已经形成了三个方面的初步理论：基于公司治理的项目治理理论。基于治理结构的项目治理理论和基于角色过程的项目治理理论，其中基于公司治理的项目治理理论主要来源是对公司治理的现有研究，然而项目与公司的本质区别决定了项目治理理论无法照搬公司治理理论和研究方法；基于治理结构的项目治理理论几乎都只是提出一个治理结构，没有就理论支持作严密论证，也没有详细分析要素间的关联关系及其运行机制；基于角色过程的项目治理理论则相对符合项目的周期性特征，因为环境的动态变化性和项目的独特性，不存在一个静态的、适合项目治理过程的治理框架。实际上，项目治理结构是由项目利益相关方构成的动态角色网络。因此，需要建立整个组织的项目管理平台和秩序，通过一个统一的过程，使不同的项目得到与其相匹配的项目治理方式。正如前所述，所谓项目治理，是指缔结利益相关方之间连接的结构、过程和方法，其目的在于为实现项目目标而提供有效的管理环境。为提供这种管理环境，必须要把内、外部利益相关方都纳入治理体系范围内。

如本书第二章图 2 - 24 所示，其中 P 代表一个统一的过程，基于这个过程，项目的各个利益相关方分析参与项目给自己带来的风险以及为了化解这些风险需要自己及其他相关方承担的责任，在此基础上，进一步明确各自在项目生命周期各个阶段、各个任务中要扮演的角色以及通过谈判、博弈等方式确定这些角色之间的关联关系并使他们接受这些关联关系，从而得到项目治理方式。在整个过程中，风险是项目各利益相关方考虑治理关系的出发点。

然而，上述模型虽然在一定程度上克服了前面两种治理理论的缺陷，是比较适合的项目治理分析模型，但仍然存在不足之处，下文中将对此问题进行阐述。

3.1.2 电信大客户营销项目治理过程的假设模型

本书 3.1.1 章节中所提出的项目治理的概念原型在具体分析中存在以下两点缺陷。

1. 该模型以风险为切入点，却没有说明是哪个层次的风险，很容易陷入项目风险管理的研究领域

传统的项目风险管理遵循风险识别、风险分析、风险应对计划和风险监控四个环节组成的风险管理循环，风险的识别首先来自于对风险的分类，这种风险管理的方式旨在转嫁风险而不是从根本上减少风险的总量甚至是消除风险。该模型以项目生命周期的各个阶段交付的项目成果作为项目风险识别的依据和基础，很容易使对模型的研究陷入原有的研究领域，从而失去了模型的意义和价值。

2. 该模型只强调利益相关方承担责任/扮演角色，却没有谈到其驱动力——利益相关方的需求

需求是电信大客户营销项目和对该类项目管理的基础，项目管理的最终目标是成功地完成项目，最终目的是通过项目的成功满足项目的利益相关方对项目的需求。然而，由于该类项目的客户在项目启动初期对自身的需求并不明确，且他们对项目的需求会随着项目的推进而发生变化，这导致在项目初期制定的电信大客户营销项目方案已经无法满足这种需求的变化，进而引起大量的设计、方案等内容的变更，这对项目的正常进行会带来很多负面影响，也会造成最终的项目拖期等现象。因此，模型中需要重新考虑电信大客户营销项目的利益相关方，尤其是客户的需求对项目成功的影响。已有大量的研究表明判断项目成功的标准已经由原来的项目管理"铁三角"（时间、费用、质量）标准进行了转变，所有项目利益相关方满意已经成为项目成功的重要评价标准。因此，对项目管理和项目治理的研究必须首先从项目利益相关方的需求出发，判定可以由哪些角色来满足这些需求。

基于此，本书对模型进行了修正，提出如下的假设模型：电信大客户营销项目治理方式可以通过统一的过程得到，治理过程中遇到的所有问题或者绝大多数问题可以归纳为四个方面：需求问题（R1）、满足需求的角色（R2）、角色风险（R3）、化解风险的角色关系（R4）（见图 3 - 1）。

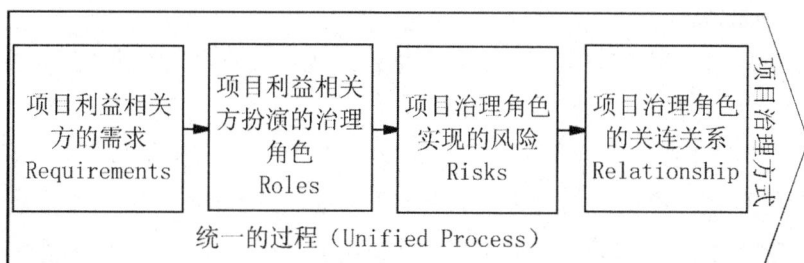

图 3 - 1　电信大客户营销项目治理 P - R^4 修正模型

在项目治理中，项目各利益相关方的价值体现在有关联性的治理角色中，这些治理角色的承担也需要利益的驱动。价值、关联的角色和利益关系构成了项目治理结构的基本要素，其中关联的角色是基础。也就是说，项目治理结构是建立在关联的治理角色基础上的，它是动态的，随着项目治理任务的变化，会有治理方退出或进入，因此需要考虑以下四个过程才能得出合理、可靠的项目治理

方式。

实现项目治理方式的第一个过程是项目相关方的需求获取。项目相关方之所以愿意帮助实现项目目标，是因为他们期望从项目中得到他们想要的东西。任何项目相关方参与项目都可看成是一个风险投资过程，他们需要为此花费时间、人力、金钱、设备、智力等，因此，要吸引项目相关方的支持，首先，必须识别和定义清楚真正的项目利益相关方是谁；其次，必须摸清他们的期望究竟是什么。项目利益相关方的期望并不都是可以清晰定义的，也不是都可以写进合同里的。最后，需要处理好项目相关方之间目标的冲突。基于此，本书提出以下假设：

HB-1：电信大客户营销项目利益相关方的需求明确是项目成功的关键影响因素，需求的清晰程度与项目绩效正相关。

实现项目治理方式的第二个过程是项目相关方的治理角色定义。项目利益相关方之间是一个利益网络，彼此之间既有需求又有责任。为了满足一个项目相关方的需求，可能需要一个或几个其他相关方来承担不同的责任，也就是说，需要由其他相关方扮演不同的治理角色来满足一个项目利益相关方的需求。在项目生命周期内，一个项目利益相关方可以根据需要在不同的时间、不同的项目任务中扮演不同的治理角色。而利益相关方的需求越多，所需要承担的项目角色和责任也就越多。基于以上说明提出以下两个假设：

HA-1：电信大客户营销项目中利益相关方所扮演的治理角色受其本身需求的影响。相关方的需求量与治理角色的总量呈正相关。这也在一定程度上体现了责权利对等的关系。

HB-2：电信大客户营销项目治理角色的定义是项目成功的关键影响因素，角色定义的明确程度与项目绩效正相关。

实现项目治理方式的第三个过程是项目治理角色实现的风险识别。项目利益相关方承担相应的治理角色时存在大量的不确定性，这些不确定性构成了项目治理风险的来源。一般说来，这些不确定性存在于以下三个方面：①项目利益相关方发现新的商业机会。每个利益相关方参与项目的过程都可以简单折算成投资过程。既然是投资过程，就必然要考虑机会成本。当利益相关方在项目过程中发现新的、回报更高的投资机会时，他们就会延缓、撤出或减弱对该项目的投入。尽管项目治理的过程是围绕一个项目来开展工作的，但每个项目利益相关方都可能是站在多项目管理的角度来看待这个项目的价值。②项目利益相关方会追求信息不对称带来的利益。信任就像一个水晶瓶，一旦打破很难修复。利益相关方之间的信任关系在商业利益面前常常会显得很脆弱。③由于项目计划的缺陷造成了连锁变更。由于各种各样的原因，例如出现技术难关、自然灾害、政策变化等，项目计划很难做到十分准确，临时变更时有发生。由于这些变更的出现，项目利益相关方的整体部署可能被打乱。在这三类风险中，第一种是利益相关方主动造成的角色风险，第二种是其故意造成的角色风险，而第三种则是被动造成的角色风险。实现项目治理方式的第四个过程是项目治理角色之间关联关系的建立。对由于项目计划变更造成的治理角色风险可以通过采取项目管理中的风险管理办法来处理，而对于第一、二种风险则需要建立角色与角色之间的关联关系来监控和处置。

通过上面的分析，本书提出以下两个假设：

HA－2：电信大客户营销项目治理中的风险取决于项目利益相关方承担的治理角色，即该风险是由于利益相关方承担项目治理角色的不稳定性和不可靠性造成的。

HB－3：电信大客户营销项目利益相关方的风险管理是项目成功的关键影响因素，风险管理的有效性与项目绩效正相关。

前文谈到了项目治理角色风险的存在，那么建立有效的风险处理方法就是必要的。项目治理角色是由项目利益相关方来扮演的，可能是人，可能是某个组织，也可能是某个组织的某个部门。无论属哪种类型，利益相关方都处于社会这个大系统中，都会受到社会舆论、道德规范和法律法规的制约。但是，当放到项目这个小系统中，社会舆论、道德规范所起到的约束作用就显得比较薄弱。同样，钻法律法规空子的也大有人在。在此种情况下，机制约束的作用就凸显出来，机制约束何以有效？因为机制往往具有强制性，有自发的约束力，这就是机制的作用所在。机制的这种强制作用，从根本上说，是通过实际中的利益调节来实现的，按照项目治理角色规范行事，就能获得利益，而不按照角色规范行事，就会在利益上受到损失。项目利益相关方趋利避害的本性，是项目治理角色约束机制得以发挥作用的根基，而约束机制所具有的强制作用是一种内在和外在的保证，这种保证凭借的是机制的自发性和强制性。这里谈到的约束机制实际上就是项目利益相关方之间建立的角色关系或是契约关系。

对由于项目计划变更造成的治理角色风险可以通过采取项目管理中的风险管理办法来处理，而对于第一、二种风险则需要建立角色与角色之间的关联关系来监控和处置。项目治理角色之间的契约关系往往是法人与法人之间签订的，法人与法人之间契约的过程透明度和可干预性较弱，风险较高。特别是在中国目前的信用体制不健全环境下，在法律允许的范围内，信用损失造成的不良后果小于由于信用损失造成的短期利益，这种契约风险不仅难以识别，也难以控制。要使项目利益相关方之间真正形成一种可靠的价值联盟，需要在缔结关系之前，彼此了解对方的价值渴望和价值贡献；在缔结关系时，要就责、权、利、过程、方式等进行谈判以形成绩效契约、心理契约；在缔结关系后，要维护、促进这种关系，在项目结束后进一步稳固彼此之间的价值依靠。

通过上面的分析，本文提出以下三个假设：

HA-3：电信大客户营销项目的治理角色是项目利益相关方契约关系的基础，利益相关方承担的项目治理角色越多，彼此之间的契约关系越复杂。

HA-4：电信大客户营销项目利益相关方之间的契约关系，受项目治理角色风险的影响，即在形成稳固的契约关系时，需要充分考虑利益相关方承担项目治理角色时所可能产生的影响，从而通过契约关系规避这些风险和影响。

HB-4：电信大客户营销项目利益相关方之间关联关系的建立是项目成功的关键影响因素，关系的稳定性与项目绩效正相关。

随着项目生命周期的进程，随着项目利益相关方的进入和退出，需求（Requirements）、角色（Roles）、角色风险（Risks）和角色关系这四者将反复迭代，而项目治理的过程就是在整个项目生命周期内处理好这四个 R 的迭代过程（见图 3-2）。

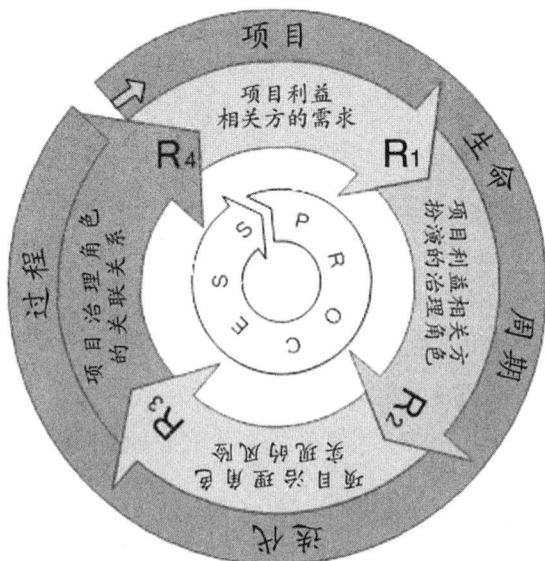

图 3-2　电信大客户营销项目治理 P-R⁴ 迭代模型

综合以上概念原型和本节修正的电信大客户营销项目治理迭代模型，本书提出了项目治理迭代过程的假设模型和项目治理关键成功要素的假设模型，如图 3 - 3 所示。

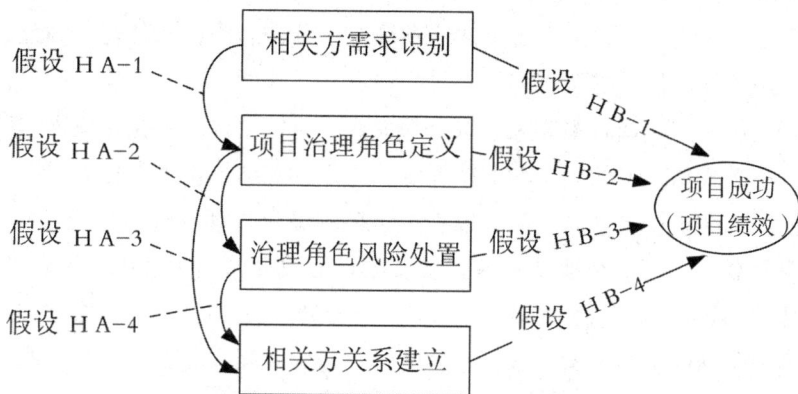

图 3 - 3 电信大客户营销项目治理的假设模型

首先，从整体的层级和形式上看，影响项目绩效（项目成功）的因素有四个：项目利益相关方需求的识别，相关方角色的定义，相关方角色风险的处置和相关方角色关系的建立。这四个因素可以作为项目的关键成功领域（Key Success Area，KPA），与图 3 - 1 中的项目治理修正模型和图 3 - 2 中的项目治理迭代模型相互对应。

其次，从各个要素之间的关系看，项目利益相关方的需求识别是基础，由识别出的项目需求来设计不同的项目治理角色去实现需求。在需求实现过程中，由于角色的不稳定性造成了项目的风险，因此，风险处置首先从风险的识别开始，而风险的来源又取决于项目利益相关方所承担的角色。经过不同角色的责任及其相关关系只有在风险得到有效的防范和消除之后才能建立，因此，项目利益相关方关系的建立是根据理论上对项目治理中的各种治理角色的定义，经过风险消除之后逐步建立起来的。这种稳定的相关方关系是项目治理研究的核心和价值所在。

3.2 数据来源与样本选取

调查设计部分涉及对样本项目的选择，调查被试，以及问卷变量及其设计的说明与确定。

3.2.1 样本选取

问卷调查方法是以调查表或询问表为工具进行市场调查的一种重要方法，由于该方法能正确反映调查目的，问题具体，重点突出，也能使被调查者乐意合作，协助达到调查目的，加上统一的问卷还便于数据的统计和整理，因此该方法被普遍应用于社会科学的调查和研究过程中。

本研究使用问卷调查主要来获取电信大客户营销项目的利益相关方对基于项目治理的关键成功因素的理解和支持程度，并以调查结果作为电信大客户项目治理假设模型的实证检验基础。问卷以美国著名的项目管理咨询与调查公司 Standish Group 所作的关于项目成功关键因素及项目失败的原因为基础，结合 Rational 统一过程（Rational Unified Process，RUP）中定义的 IT 项目风险，根据项目治理假设模型中包括的主要因素，设计了各项调查指标。问卷调查以项目为基本统计单位，以项目主要利益相关者（如项目经理、项目客户、项目供货商、项目分包商等群体）为调查对象。

合适的样本项目选择对于模型的准确验证具有重要意义。本研究所选择的样本项目为中国某电信运营商 G 省大客户营销项目，主要是基于如下考虑：

第一，本研究的资料来源为某电信运营商 G 省通信各分公司，该公司在 G 省 14 个地市设有地市级公司，省公司和地市级公司均设有大客户部等机构，为本研究的深入调查提供了良好的环境。

第二，本研究选取了某电信运营商的某个省公司为例进行调查，虽然具有一定的局限性，但是，通信运营业属垄断竞争行业，这种行业特性使得各地区大客户营销项目治理过程以及大客户营销项目治理方式具有很多相似之处。换言之，本研究的成果将可为电信运营商其他的省、市分公司提供一定借鉴。

其三，作为问卷调查的主要客体，电信运营商 G 省大客户营销项目的各级主管部门和机构运行多年，具有多年大客户营销项目经验，对于调查的开展和结果的获取都具有可靠的保障。

3.2.2 资料来源

出于研究的方便性考虑，本次问卷调查所选择的被测试对象主要来自于某电信运营商 G 省大客户营销项目的客户经理、客户、供货商和承包商等项目的利益相关方，其中客户经理所占的比重较大，而之所以做上述选择的主要理由如下：

第一，项目中不同的利益相关方对项目的贡献不同，但是项目的成败取决于所有项目利益相关方的努力程度，通过对承担各个角色的项目利益相关方进行调查，可以在一定程度上保持结果的可靠性。

第二，从该调查的设计特性看，客户经理所占的比重较大，他们更容易认同调查中有关项目关键成功因素的具体设计，更易于作出测评。

第三，由于被调查项目已经完成，选择客户经理作为主要调查被评测对象，比较容易跟踪与收集回馈，在此基础上，辅以其他项目利益相关方的回馈结果，既可以保证不同相关方对调查的认可一致性，也可以简化调查过程并方便研究过程。

3.3 问卷设计及内容

3.3.1 问卷设计

由很多题项构成，并且这些题项构成一个复合分数，试图揭示不能轻易用直接方法来观察的理论变量的水平，这样的测量工作常常被称作量表。由于本领域在学术界尚处于初步阶段，较少理论基础和前人研究，量表主干部分缺乏可参照的量表，所以，参考德威利斯（2004）的量表设计方法，本研究在问卷设计上经历了较为复杂的七步过程。

第一步，在前述理论模型和研究假设的基础上，笔者尝试结合以往学者的研究成果和自己的理解，经与项目管理专家讨论，并与几个项目管理专业的研究生运用头脑风暴法，形成了本研究初步的测量项目。

第二步，笔者将此初步测量项目在山东大学工商管理硕士（MBA）学生中作了预调查和征求意见。

第三步，针对征求到的意见（口头的和书面的）和预调查的信度、效度结果，修改量表。

第四步，请三位相近研究方向的博士生对此量表进行文字清晰程度、逻辑条理、易理解程度方面的检查，并与之进行讨论确定最终采用的字句。

第五步，在详细告知研究思路的情况下，请三位项目管理专家对此量表进行审查，审查结果作为修改的重要依据。此过程即专家效度法，以保证量表的专家效度。

第六步，与导师进行讨论，最终确定一个有 43 个指标的问卷版本，每个项目关键成功领域各有 10～12 个不等的指标。

第七步，再次试测，并根据试测结果和计算"Cronbach α"系数和因子载荷对问卷进行简化，得到一份较为简洁的量表，每个项目管理机制各有 5～6 个不等的指标，符合温忠麟、侯杰泰（2004）关于每个潜变量应有大于 3 个以上的指标的建议，并且保证足够的简洁性，以利于大规模施测。最后得到本研究的量表定稿。

3.3.2 问卷内容

本研究的量表由两个部分组成：第一部分是项目基本情况和被调查者的基本信息；第二部分是被调查的指针变量。本研究的所有问题采用李克特五级量表的形式。

考虑到后期需要建立因果关系模型来验证四个关键环节（4R）的有效性，因此在收集被调查者的基本信息时，也对调查者参与项目的最终实际效果（项目绩效）进行了收集。一般来说，项目的绩效表现在项目的进度、费用和产品质量三方面，近年来也有一些学者提出要增加项目利益相关方的满意度作为测量指标。考虑到产品质量的实际效果不易衡量，而利益相关方满意度需要基于每个项目发送调查问卷进行调查，在实践中比较困难。因此，合并了"项目进度""项目费用""项目产品的功能实现情况"作为测量项目绩效的指标。

变量定义本质上规定了问卷的具体设计。基于前面的假设模型，并参考其他研究成果，本次调查选择若干变量问题进行问卷设计及数据分析。由于上文提出的八个假设，有四项（假设 HA-1、HA-2、HA-3、HA-4）是为了验证模型本身的结构，即模型四项关键要素之间的逻辑关系，另外四项（假设 HB-1、HB-2、HB-3、HB-4）为了验证由上述四项关键要素对项目绩效的影响，即证明它们是项目的关键成功要素，考虑到四项关键要素（4 个 R）无法直接测量，因此，选择了一些有代表性的指标，通过对这些指针的测量来反映变量。变量的具体定义及其意义说明如表 3-1 所示。

表 3 - 1　变量定义及其意义说明

潜在变数	指标问题定义	问题编号	指针变量
项目利益相关方的需求视角（REQUIREMENTS）	全面地识别项目的利益相关方	Q_{11}	IDENTIFY
	在项目开始前调查利益相关方对项目的期望	Q_{12}	EXPECT
	识别项目所有的利益相关方并调查他们对项目的需求	Q_{13}	REQUIRE
	利益相关方的需求与期望符合实际，合理性得到论证	Q_{14}	RATIONAL
	项目目标是在综合各利益相关方的需求并消除需求冲突的基础上制定的	Q_{15}	GOAL
	对利益相关方各项需求进行重要程度排序	Q_{16}	PRIORITY
	在项目实施中需要继续识别相关方的需求的变化	Q_{17}	PERIODIC
	确保相关方的需求在一段时间内稳定不变	Q_{18}	STEADY
项目治理的角色视角（ROLES）	对每一项目工作定义完成标准	Q_{21}	STANDARD
	明确项目利益相关方各自承担的项目任务	Q_{22}	TASK
	根据不同的项目相关方承担的项目工作来定义他们何时以及需要得到哪些相关信息	Q_{23}	RECEIVE
	根据不同的项目相关方承担的项目工作定义他们应该何时、向谁提供相关信息	Q_{24}	PROVIDE
	项目的利益相关方能够在项目遇到困难的时候对项目提供必要的帮助	Q_{25}	ASSIST
	项目的利益相关方对项目所需的资源能够充分支持和满足	Q_{26}	SUPPORT
项目治理的风险视角（RISK）	识别由于利益相关方的能力、态度、信用等带来的项目风险	Q_{31}	RISKIDEN
	对所识别项目风险，分析其产生的原因和来源	Q_{32}	RISKSOUR
	针对项目风险的来源制定化解风险的措施	Q_{33}	RISKREP
	具有合理的风险分担机制，各相关方需要承担与收益对等的责任	Q_{34}	RISKEQU

潜在变量	指标问题定义	问题编号	指针变量
项目治理的风险视角（RISK）	在项目生命周期内实施周期性的风险评估和控制	Q_{35}	RISKPER
项目利益相关方关系视角（RELATIONSHIP）	明确了项目利益相关方之间的相互协作关系	Q_{41}	COOPER
	赋予相关方充分的权力使其能够独立开展工作	Q_{42}	AUTHOR
	相关方能够对其应承担的责任和义务做出承诺	Q_{43}	COMMIT
	同时参与多个项目的相关方需要为本项目投入足够的时间和资源	Q_{44}	INVOLVE
	需要一个临时项目领导小组对多方（多个组织）参与的项目进行协调	Q_{45}	HARMO
	需要一个临时项目领导小组对相关方的实际投入进行监督	Q_{46}	SUPERV
	项目相关方能够对收到的项目信息做出及时回馈	Q_{47}	FEEDBACK
	建立有效的沟通管道（包括沟通工具、沟通时机和频率、沟通格式以及沟通形式）以减少相关方对信息理解的偏差	Q_{48}	COMMUNI

说明：英文字符所示变量主要用于数据分析中，指针问题与问卷顺序一致。

指标的选取过程如下：

对于第一项关键成功要素——项目利益相关方的需求识别，目的是要全面地识别所有项目利益相关方的需求，作为定义项目目标和项目成功的基础。这就需要首先从发现利益相关方开始，系统地识别哪些人或组织是项目的利益相关方（Q_{11}），由于相关方对项目的认识是模糊的，因此，他们对项目能给他们带来什么并不清楚，而仅仅对项目存在一个模糊的期望，调查这些期望是定义项目需求的基础（Q_{12}、Q_{13}）。然而，尽管每个相关方都会提出对项目的期望和需求，但是这些需求并不一定都是合理的，项目也未必都能满足，况且需求之间也可能存在矛盾和冲突。因此，需要审查这些需求的合理性以保证项目能满足相关方的合理需求（Q_{14}）。在消除了需求的冲突和不合理之处之后，才能在此基础上定义项目目标，以使项目在实现目标的同时能够满足这些需求（Q_{15}）。此外，需要对所有的需求进行排序，以确保实现最基础的需求（Q_{16}）。由于利益相关方对项目的认知程度不同，在项目实施过程中，部分相关方的需求会发生变化，因此，需求的识别需要在项目实施中反复进行（Q_{17}），尽管如此，也要保证项目的需求在一定周期之内是稳定的，这是保证项目可以继续实施的前提条件（Q_{18}）。

对于第二项关键成功因素——项目利益相关方治理角色的定义，目的是要定义清楚每个相关方在项目中承担的工作。这就需要对每一项项目工作进行定义（Q_{21}），在此基础上才能将任务和工作分解到不同的相关方中（Q_{22}），然而相关方彼此之间的合作需要有信息和其他工作方式的交流与合作，因此，需要定义相关方完成每一项工作时的输入信息和输出信息（Q_{23}、Q_{24}）。此外，例外管理的原则要求所有相关方都有责任承担完成项目可能发生的意外工作，处理项目问题（Q_{25}）。项目本身没有资源，这些资源都来自各相关方，因此要求每个相关方都能够对项目作出资源的承诺（Q_{26}）。

对于第三项关键成功因素——项目治理中的风险识别，旨在识别出项目治理过程可能发生的风险。项目治理的风险来自于利益相关方承担各自角色的不稳定性（Q_{31}），因此，要找出这种不稳定性的根源（Q_{32}），并定义出可能的风险化解措施（Q_{33}），由于相关方投入到项目中的资源不同、收益不同，他们承担的风险也应该有所区别，一个合理的风险分担机制是必要的（Q_{34}）。此外，由于风险随时可能发生或消失，需要在项目的实施过程中进行定期的风险监控（Q_{35}）。

对于第四项关键成功因素——建立利益相关方之间的治理角色关系，旨在约束已经为相关方定义的各种角色，确保他们能够承担起对项目的责任。这需要首先明确项目利益相关方之间的相互协作关系（Q_{41}），以使他们知道要去和哪些角色沟通协作，为了完成工作，他们需要有足够的资源和权力（Q_{42}），只有这样才能够使他们对其应承担的责任和义务作出承诺（Q_{43}）。由于每个相关方同时参与的项目不止一个，因此，如何保证他们有限的资源可以投入到本项目中，也是项目实施的一个关键条件（Q_{44}）。然而，相关方来自不同的组织，没有哪一个组织可以超越自己的边界区管理他方，此时就需要一个临时项目领导小组对多方（多个组织）参与的项目进行协调和监督（Q_{45}、Q_{46}）。信息的传递应该是双向的，这就要求相互协作的项目相关方能够对收到的项目信息向对方做出及时回馈（Q_{47}），建立一个有效的沟通管道是保证上述任务完成的条件（Q_{48}）。

3.4 数据分析方法

结构方程模型（Structural Equation Model，SEM）是一种综合运用多元回归分析、路径分析和确认型因子分析方法而形成的一种统计数据分析工具，它通过建立反映隐变量和显变量的一组方程，利用显变量的测量推断隐变量，并对假设的正确性进行检验。该种方法已经成为社会科学研究中得到广泛应用的方法。结构方程分析有两个主要特点：第一，可以对诸如满意、公正等无法直接测量的隐变量进行分析；第二，可以对假定的模型进行验证。对于某个领域的专业人员根据本领域的知识或常识建立的反映结构关系的模型，由于专业人员的认识水平和各种原因的限制，这一模型未必是客观现实的反映，有可能存在偏差和主观性，如何发现模型的问题，根据分析结果进一步修正模型，这些正是结构方程分析可以处理的问题。

在项目治理研究过程中，使用结构方程建模可以克服传统的回归分析、因子分析和聚类分析的不足。由于 $P-R^4$ 模型是在经营总结和逻辑分析的基础上建立的，而且模型中的四个环节也很难直接测量，因此可以建立对应于四个隐性变量的显性变量，即通过调查项目成功要素进行实证研究。通过对该模型的验证性分析，不仅可以剔除不合理的指标，而且可以分析隐性变量之间、隐性变量内部的各个指针之间的关联关系；通过对该模型的探索性分析，可以寻找新的关键要素，对模型进行修正。

AMOS 软件是一种可视化较强的结构分析软件，它基于调查统计中得到的问卷数据，可以对假设模型进行较好的拟合，从而满足项目治理研究中对项目关键成功因素的实证研究和对 $P-R^4$ 模型的检验和修正。本研究使用 AMOS 7.0 进行结构方程模型拟合和检验。

3.4.1 结构方程模型概述

结构方程模型是用于讨论潜在变量（Latent Variables，也可以称之为结构变量）与显变量（Manifest Variables，可以称之为指针变量）之间关系以及潜在变量与潜在变量之间关系的多元统计分析方法。结构方程模型的构成要素简单地讲有两个：变量与变量之间的关系。

结构方程模型中的潜在变量与显变量是按照变量特点的不同而做出的划分。其中潜在变量是不可以直接观测的，只能够通过观测显变量而得到间接的观测。另外根据潜在变量在模型中地位，又可以将之区分为两类：外生变量（Exogenous Variables）与内生变数（Endogenous Variables）。

从技术的角度考虑，结构方程模型可以视为是对验证性因子分析（Confirmatory Factor Analysis）模型与路径分析（Path Analysis）模型的整合。其中，在验证性因子分析模型部分，与一般的探索性因子分析的方法相反，结构方程分析首先确定因子及相应的外在指标，然后通过实际资料调查对所提出的因子—指标间的解释关系进行验证。而在路径分析部分，结构方程模型对潜在变量或因子分析的关系进行分析。

根据研究者对所提出模型的信心和把握程度可以将模型验证分为三大类：纯粹验证（Strictly Confirmatory，SC）、选择模型（Alternative Model，AM）或竞争性模型、产生模型（Model Generating，MG）。在纯粹验证的应用中，研究者心目中只有一个模型去拟合一个样本数据，整个分析旨在验证模型是否拟合样本数据从而决定是接收还是拒绝所提出的模型。在选择模型分析中，研究者提出数个不同的可能模型或竞争性模型，从各模型拟合样本数据的优劣程度来决定哪个模型最为可取。在产生模型的分析中，研究者提出一个或多个基本模型，然后修正模型，并通过同一数据或其他数据，检查修正模型的拟合程度，整个分析过程的目的在于产生一个最佳的模型。相对于前两种情况而言，第三种应用最为普遍。

3.4.2 结构方程模型的评价标准

常见的评价结构方程拟和情况的指标主要有如下几种：

（1）卡方（Chi - square Test，即 X^2）和自由度（Degree of Freedcm，df）：X^2 不显著（对应 p > 0.05）；若 $X^2/df \leqslant 3$，则对 X^2 不显著的要求可忽略不计；

（2）规范拟合指数（Normal Fit Index，NFI）：NFI 接近于 1 较好；

（3）非规范拟合指数（Non - normed Fit Index，NNFI）或塔克—刘易斯指数（Tucker - Lewis Index，TLI）：TLI 越接近 1，表示模型拟合程度越好；

（4）比较拟合指数（Comparative Fit Index，CFI）：CFI 接近于 1 较好；

（5）估计误差均方根（Root Mean Scruare Error of Approximation，RMSEA）：要求 $0.05 \leqslant RMSEA \leqslant 0.08$ 为可接受范围，若 RMSEA < 0.05，则模型高度拟合；

（6）与路径系数相应的临界值 C.R.（Critical Ratio）：当路径的 C.R. 值均大于 1.96 的参考值时，说明该路径系数在 p = 0.05 的水平上具有统计显著性。

本研究使用最为常用的 X^2/df、C.R. 值和 RMSEA 系数等指标对电信大客户营销项目治理概念模型进行拟合和检验。

3.4.3 结构方程模型的实施过程

一般的结构方程分析可以划分为四个步骤：模型建构（Model Specification）；模型拟合（Model Fitting）；模型评价（Model Assessment）；模型修正（Model

Modification)。具体解释如下：

（1）模型建构阶段。该阶段的工作包括：①观测变量（即指针，通常是题目）与潜变量（即因子，通常为概念）的关系；②各潜变量间的相互关系（指定哪些因子间有相关或直接效应）；③在复杂的模型中，可以限制因子负荷或因子相关系数等参数的数值或关系。

（2）模型拟合阶段。在完成模型建构之后，就需要求出模型的解，其中主要的工作就是模型的参数设计。在结构方程分析中，拟和的目标是求参数使得模型隐含的协方差矩阵（即再生矩阵）与样本协方差矩阵的差距最小。而对这种矩阵之间差距的衡量具有不同的方法，因此便具有不同的模型拟和方法及相应的参数估计。

（3）模型评价阶段。该阶段的重要工作有：①检查结构方程模型的解是否恰当，其中包括迭代估计是否收敛，各参数估计是否在合理的范围内（比如，相关系数是否在 -1 与 +1 之间）；②检查参数与预设模型的关系是否合理。数据分析可能出现一些预期之外的结果，但各参数却不应该出现一些相互矛盾，与先验假设有严重冲突的现象；③检查多个不同类型的整体拟和指数，以衡量模型的拟和程度。

（4）模型修正阶段。该阶段主要包括下列几个步骤：①依据理论或有关假设，提出一个或数个合理的先验模型；②检查潜在变量（因子）与指针（题目）之间的关系，建立测量模型，有时候可能需要增删或重组题目；③若模型含多个因子，可以循序渐进地每次只检查包含两个因子的模型，确定测量模型部分合理之后，再将所有因子合并成预设的先验模型，做进一步的总体检查；④对每一个模型，检查标准误、t 值、标准化残差、修正指数、参数期望改变值、X^2 及各种拟和指数，据此修改模型并重复第 3 步与第 4 步；⑤由于最后的模型是依据某一样本数据修改而成的，因此如果可能，可用另外一个独立样本进行交叉确定（Cross - Validation）。

第4章 实证过程及结果分析

本章使用结构方程模型对预先建立的经验模型进行验证，其中数据来自调查统计问卷。首先对问卷的设计情况进行描述，然后总结问卷调查的情况，通过基本数据筛选、数据统计与描述性分析，提出电信大客户营销项目治理的假设模型，进而对该模型进行实证检验，在此基础上形成电信大客户营销项目治理的实证模型。

4.1 资料收集与描述性分析

4.1.1 数据收集与样本描述

本次调查共发放问卷 243 份，回收 208 份，其中有效份数 196 份，回收率（86%）与有效问卷比率（95%）均比较高。其中有效问卷中省公司项目的比例为 22.6%，各地市公司的项目比例为 77.4%，各个地区的问卷回收情况如表 4 - 1 和图 4 - 1 所示，比较符合实际。同时由于这次调查的主要对象为项目经理（各个项目角色的调查比重如表 4 - 2 所示），其项目经验的年限分布于 1 年至 13 年之间（被调查者的项目经验年限分布如图 4 - 3 所示），在所有回收问卷中所占比例为 98%。被调查项目的完成情况分布如表 4 - 4 所示。下文中将对该类背景性问题的分布进行详细统计。

对于被调查者参与的项目的所在地区而言，如表 4 - 1 所示，省公司、BH 市和 NN 市的数量相当，共计 139 个，占调查项目总数的 74.73%；其他地区共计 47 个，占调查总数的 25.27%。省公司的客户类型与地市公司有所不同，因此作为本次重点调查的对象；NN 市公司为省会城市，在客户类型、资源优势等与其他城市有所区别；作者曾在 BH 市任职三年，为了调查和问卷回收的方便，也选取 BH 市作为重点调查对象。

表4-1 不同地区的问卷回收数量统计

所在地区	样本数	比例（%）	累积比例（%）
省公司	42	22.58	22.58
GG市	10	5.38	27.96
BH市	50	26.88	54.84
NN市	47	25.27	80.11
WZ市	16	8.60	88.71
GL市	7	3.76	92.47
其他	14	7.53	100
合计（不含具有缺失值的10份问卷）	186	100	

从被调查者在项目中承担的角色来看，如表4-2所示，项目经理127份，占被调查总数的64.8%；其他角色69份，占被调查总数的35.2%。由于电信大客户营销项目的客户为党、政、军以及大型企业等单位，人员工作繁忙，问卷的回收率较低，而该类项目一般都需要外协产品，因此，回收到项目供货商的问卷共54份。考虑到项目的特殊性，该类项目由电信企业中标后一般也不再发包给其他单位。回收问卷中各项目角色的比例比较符合现实情况。

表4-2 被调查者的项目角色分布情况统计

项目角色	样本数	比例（%）	累积比例（%）
项目经理	127	64.8	64.8
项目客户	13	6.6	71.4
项目供货商	54	27.6	99.0
项目分包商	1	0.5	99.5
其他	1	0.5	99.5
合计	196	100	

从被调查者的项目经验年限分布情况来看，如表4-3所示，大部分被调查者的项目经验年限在1-6年，占调查项目总数的79.59%；项目经验年限在1年以下和12年以上最少，各有4个，共占被调查企业总数的4%，比较符合实际情况。

表 4 - 3　被调查者的项目经验年限分布统计

项目经验年限	样本数	比例（%）	累积比例（%）
1 年以下	4	2.02	2.0
1—3 年	83	42.34	44.4
4—6 年	73	37.24	81.7
7—12 年	32	16.38	98
12 年以上	4	2.02	100
合计	196	100	

从被调查者所参与项目的完成情况来看，如表 4 - 4 所示，除去具有缺失值的 84 份问卷，项目的成功完成率在 89.29%，仅有 11 个项目出现了部分问题，占 9.82%，项目中止或被迫取消的数量为 1，占 0.89%。项目的成功率较高，与公司对电信大客户营销项目的重视程度有关，公司对大客户的关注远远超出了对一般客户的关注程度，这也比较符合现实情况。

表 4 - 4　被调查项目的完成情况统计表

项目完成情况	样本数	比例（%）	累积比例（%）
项目按时、按预算完成，实现了所有的系统特性和系统功能	100	89.29	89.29
项目超期或超预算完成，部分系统特性、系统功能未能实现	11	9.82	99.11
项目中止或被取消	1	0.89	100
合计（不含具有缺失值的 84 份问卷）	112	100	

4.1.2 量表信度分析

信度是对评价结果前后一致性，也就是关于评价得分使人们可以信赖的程度的测量。一个好的量表的结果应该是可靠的，在多次测评中，其结果应该保持一致。简言之，信度分析主要对调查量表的可靠性进行检验。研究中，对于自制量表进行信度分析尤为必要。

研究中存在多种衡量信度的指标，比如 Cronbach alpha 系数、Spearman - Brown 分半信度系数（Split - half Reliability Coefficient）与 Guttman 分半信度系数等。本文采用 Cronbach alpha 系数作为本次量表信度分析的主要根据。利用 SPSS13.0 软件对调查量表做信度分析，具体结果如表 4 - 5 所示。

表4-5 潜在因子信度分析

潜在因子	问题个数	alpha 系数
项目利益相关方的需求获取	8	0.787
项目治理角色的定义	6	0.759
项目治理角色风险的处置	5	0.650
项目利益相关方关系的建立	8	0.860
量表总体	27	0.922

根据一般的规则，在社会科学研究中，Cronbach alpha 系数的约定取舍分界点（Cut-off Criteria）为0.7。凡是低于0.7的量表都是不恰当的（Inadequate）。在有限时间内，Cronbach alpha 系数是一种很好的信度衡量方式。测量误差值越小，信度越高；反之，测量误差值越大，信度越低。若 Cronbach alpha 值大于0.7，表示各项目之间的内部一致性很高；若值介于0.35至0.7之间，在发布量表的探索性研究中仍属可接受水平；若 Cronbach alpha 值小于0.35，表示信度很低，应予以拒绝。比照上述标准，可以发现对于本次调查中的所有结构性问题，如表4-5所示，其alpha系数值均高于0.7（仅有一个潜在因子略低于0.7），并且总体系数高达0.922，因此本次调查的结果是可信的。

4.1.3 样本数据的一致性分析

在完成量表信度分析之后，本书对所获取的样本数据是否来自同一个母体进行判断，主要进行以下有效性分析。

1. 不同地区调查结果的差异显著性分析

本调查问卷分别由承担省公司和地市公司电信大客户营销项目的被调查者完成，考虑到不同级别的单位承担项目的规模、资源的可获得性等条件的不同，本研究首先对省公司所属项目和地市公司所属项目进行了显著性分析，结果如表4-6所示。

表4-6 省市两级问卷 ANOVA 检验

变数	变异来源	方差	自由度	均方	F 值	判断概率
IDENTIFY	组间	.161	1	.161	.399	.528
	组内	74.398	184	.404		
	全部	74.559	185			

续表

变数	变异来源	方差	自由度	均方	F 值	判断概率
EXPECT	组间	1.095	1	1.095	2.219	.138
	组内	90.803	184	.493		
	全部	91.898	185			
REQUIRE	组间	.035	1	.035	.056	.813
	组内	114.057	184	.620		
	全部	114.091	185			
RATIONAL	组间	.809	1	.809	1.288	.258
	组内	115.557	184	.628		
	全部	116.366	185			
GOAL	组间	.018	1	.018	.036	.849
	组内	93.643	184	.509		
	全部	93.661	185			
PRIORITY	组间	.314	1	.314	.548	.460
	组内	105.342	184	.573		
	全部	105.656	185			
PERIODIC	组间	.524	1	.524	.740	.391
	组内	130.341	184	.708		
	全部	130.866	185			
STEADY	组间	2.247	1	2.247	2.602	.108
	组内	158.898	184	.864		
	全部	161.145	185			
STANDARD	组间	.065	1	.065	.108	.743
	组内	110.414	184	.600		
	全部	110.478	185			
TASK	组间	.265	1	.265	.430	.513
	组内	113.326	184	.616		
	全部	113.591	185			
RECEIVE	组间	.071	1	.071	.112	.738
	组内	115.779	184	.629		
	全部	115.849	185			
PROVIDE	组间	.046	1	.046	.061	.805
	组内	138.948	184	.755		
	全部	138.995	185			
ASSIST	组间	.242	1	.242	.656	.419
	组内	67.914	184	.369		
	全部	68.156	185			

变数	变异来源	方差	自由度	均方	F 值	判断概率
SUPPORT	组间	.366	1	.366	.863	.354
	组内	78.112	184	.425		
	全部	78.478	185			
RISKIDEN	组间	.969	1	.969	1.562	.213
	组内	114.155	184	.620		
	全部	115.124	185			
RISKSOUR	组间	1.083	1	1.083	1.237	.268
	组内	161.175	184	.876		
	全部	162.258	185			
RISKREP	组间	.524	1	.524	.906	.342
	组内	106.508	184	.579		
	全部	107.032	185			
RISKEQU	组间	.144	1	.144	.202	.654
	组内	130.803	184	.711		
	全部	130.946	185			
RISKPER	组间	.484	1	.484	.586	.445
	组内	152.080	184	.827		
	全部	152.565	185			
COOPER	组间	.283	1	.283	.391	.533
	组内	133.115	184	.723		
	全部	133.398	185			
AUTHORI	组间	.014	1	.014	.025	.876
	组内	105.771	184	.575		
	全部	105.785	185			
COMMIT	组间	.014	1	.014	.024	.878
	组内	109.771	184	.597		
	全部	109.785	185			
INVOLVE	组间	.077	1	.077	.151	.698
	组内	93.326	184	.507		
	全部	93.403	185			
HARMO	组间	1.890	1	1.890	2.814	.095
	组内	123.557	184	.672		
	全部	125.446	185			
SUPERV	组间	3.401	1	3.401	3.987	.047
	组内	156.948	184	.853		
	全部	160.349	185			

变数	变异来源	方差	自由度	均方	F值	判断概率
FEEDBACK	组间	.346	1	.346	.517	.473
	组内	123.294	184	.670		
	全部	123.640	185			
COMMUNI	组间	.080	1	.080	.155	.694
	组内	95.044	184	.517		
	全部	95.124	185			
SMEAN (PROVIDE)	组间	.046	1	.046	.061	.805
	组内	138.948	184	.755		
	全部	138.995	185			

从表4-6中可以看出，绝大部分指标的显著性P值大于临界值0.05（本书以0.05作为临界值），仅SUPERV一项的值为0.047，与0.05相差并不大。因此可以判断，不管项目从属于省公司还是地市级公司，参与项目的被调查者对项目成功因素的认同程度是一致的，二者并没有显著性的差异。

2. 不同项目状态（完成情况）调查结果的差异显著性分析

本部分将对项目完成情况对调查结果的差异显著性进行分析，即判断项目的成败是否会影响到被调查者对项目成功因素认可的一致性程度。分析结果如表4-7所示。

表4-7　项目完成情况对调查结果的 ANOVA 分析

变数	变异来源	方差	自由度	均方	F值	判断概率标准
IDENTIFY	组间	.325	2	.163	.392	.677
	组内	45.237	109	.415		
	全部	45.563	111			
EXPECT	组间	1.679	2	.839	1.612	.204
	组内	56.750	109	.521		
	全部	58.429	111			
REQUIRE	组间	.452	2	.226	.330	.720
	组内	74.655	109	.685		
	全部	75.107	111			

变数	变异来源	方差	自由度	均方	F 值	判断概率准备
RATIONAL	组间	.824	2	.412	.647	.526
	组内	69.426	109	.637		
	全部	70.250	111			
GOAL	组间	3.783	2	1.892	4.154	.018
	组内	49.636	109	.455		
	全部	53.420	111			
PRIORITY	组间	1.129	2	.565	.984	.377
	组内	62.549	109	.574		
	全部	63.679	111			
PERIODIC	组间	3.169	2	1.584	2.520	.085
	组内	68.545	109	.629		
	全部	71.714	111			
STEADY	组间	3.060	2	1.530	1.859	.161
	组内	89.717	109	.823		
	全部	92.777	111			
STANDARD	组间	1.401	2	.700	1.106	.335
	组内	69.019	109	.633		
	全部	70.420	111			
TASK	组间	1.941	2	.971	1.693	.189
	组内	62.487	109	.573		
	全部	64.429	111			
RECEIVE	组间	1.903	2	.951	1.591	.208
	组内	65.160	109	.598		
	全部	67.063	111			
PROVIDE	组间	.008	2	.004	.005	.995
	组内	81.099	109	.744		
	全部	81.107	111			
ASSIST	组间	.446	2	.223	.558	.574
	组内	43.545	109	.399		
	全部	43.991	111			
SUPPORT	组间	.184	2	.092	.198	.821
	组内	50.735	109	.465		
	全部	50.920	111			
RISKIDEN	组间	.282	2	.141	.228	.796
	组内	67.396	109	.618		
	全部	67.679	111			

变数	变异来源	方差	自由度	均方	F 值	判断概率准备
RISKSOUR	组间	.903	2	.452	.494	.612
	组内	99.659	109	.914		
	全部	100.563	111			
RISKREP	组间	1.709	2	.854	1.599	.207
	组内	58.255	109	.534		
	全部	59.964	111			
RISKEQU	组间	.051	2	.025	.033	.967
	组内	82.869	109	.760		
	全部	82.920	111			
RISKPER	组间	1.137	2	.568	.741	.479
	组内	83.640	109	.767		
	全部	84.777	111			
COOPER	组间	1.485	2	.743	1.070	.346
	组内	75.622	109	.694		
	全部	77.107	111			
AUTHORI	组间	.763	2	.382	.647	.526
	组内	64.299	109	.590		
	全部	65.063	111			
COMMIT	组间	.030	2	.015	.024	.977
	组内	69.746	109	.640		
	全部	69.777	111			
INVOLVE	组间	.290	2	.145	.347	.708
	组内	45.567	109	.418		
	全部	45.857	111			
HARMO	组间	1.404	2	.702	1.016	.365
	组内	75.310	109	.691		
	全部	76.714	111			
SUPERV	组间	3.231	2	1.616	1.924	.151
	组内	91.545	109	.840		
	全部	94.777	111			
FEEDBACK	组间	1.615	2	.807	1.175	.313
	组内	74.876	109	.687		
	全部	76.491	111			
COMMUNI	组间	.988	2	.494	.914	.404
	组内	58.932	109	.541		
	全部	59.920	111			

变数	变异来源	方差	自由度	均方	F 值	判断概率准备
SMEAN（PROVIDE）	组间	.008	2	.004	.005	.995
	组内	81.098	109	.744		
	全部	81.106	111			

从表 4 - 7 的分析情况来看，绝大部分因素的 P 值大于 0.05，仅个别因素（其中一个因素 P 值为 0.018）小于临界值 0.05，但仍大于 0.01。虽然该因素表现出受项目绩效影响的差异性，但并没有处于非常显著的范围（P < 0.01）。因此，可以判断，项目绩效对被调查者理解和认同问卷中的成功因素并没有产生显著差异。也就是说，不管项目是否成功完成，被调查者对项目成功因素的认可程度是一致的。

4.1.4 样本数据描述性分析

在完成样本数据的有效性分析之后，本书首先对样本数据做了描述性统计分析，具体分析结果如表 4 - 8 所示。

表 4 - 8　样本数据描述性分析

描述性统计						
变数	样本数	最小值	最大值	均值	标准差	方差
IDENTIFY	196	3	5	4.602	0.635	0.403
EXPECT	196	3	5	4.285	0.705	0.497
REQUIRE	196	2	5	4.263	0.785	0.617
RATIONAL	196	2	5	4.140	0.793	0.629
GOAL	196	3	5	4.339	0.712	0.506
PRIORITY	196	3	5	4.043	0.756	0.571
PERIODIC	196	2	5	4.027	0.841	0.707
STEADY	196	1	5	3.823	0.933	0.871
STANDARD	196	3	5	4.156	0.773	0.597
TASK	196	3	5	4.237	0.784	0.614
RECEIVE	196	3	5	4.108	0.791	0.626
PROVIDE	196	2	5	4.005	0.867	0.751
ASSIST	196	3	5	4.543	0.607	0.368
SUPPORT	196	2	5	4.489	0.651	0.424

描述性统计						
变数	样本数	最小值	最大值	均值	标准差	方差
RISKIDEN	196	2	5	4.253	0.789	0.622
RISKSOUR	196	2	5	3.903	0.937	0.877
RISKREP	196	2	5	4.194	0.761	0.579
RISKEQU	196	2	5	3.925	0.841	0.708
RISKPER	196	2	5	3.952	0.908	0.825
COOPER	196	2	5	4.118	0.849	0.721
AUTHORI	196	3	5	4.151	0.756	0.572
COMMIT	196	2	5	4.183	0.770	0.593
INVOLVE	196	2	5	4.371	0.711	0.505
HARMO	196	2	5	4.091	0.823	0.678
SUPERV	196	1	5	3.941	0.931	0.867
FEEDBACK	196	2	5	4.199	0.818	0.668
COMMUNI	196	3	5	4.414	0.717	0.514
Valid N（listwise）	196					

根据上面的描述性统计分析结果，大致上可以做出如下判断：

资料从总体上很好地反映了电信大客户营销项目的利益相关方对项目关键成功因素的理解和支持程度，各变量指针的均值都在3.5以上，最低值3.823，最高值4.602。从标准差的数值来看，所有变量的标准差小于1，反映了被调查者对于各项指标的理解和认同程度具有较高的一致性。仅有五项指标的均值小于4，且标准差相对较大，这说明对认同程度稍低的指标，被调查者的反应出现了一定程度的不一致性，这种现象从统计学的角度来看是合理的。

指标"确保相关方的需求在一段时间内稳定不变"（STEADY），其均值为3.823，标准差为0.933。通过对被调查者的跟踪调查和分析，本研究认为被调查者对于在项目实施过程中的需求频繁变更习以为常，尤其是项目经理除外的其他相关方，认为需求不可能被较好地定义，只有在项目实施过程中，才能逐渐清晰下来。本研究认为项目相关方的需求在项目的实施过程中也不是一成不变的，但是至少要在一个阶段或者一个周期内相对稳定，只有稳定的需求才能形成合理和可行的项目（阶段）目标，项目的实施才会有坐标和方向。

指标"对所识别项目风险分析其产生的原因和来源"（RISKSOUR）、"具有合理的风险分担机制使各相关方需要承担与收益对等的责任"（RISKEQU）、"在项目实施过程中周期性的风险评估和控制"（RISKPER），均属于风险管理领域，三项指标得分的均值分别是 3.903、3.925、3.952，三项指标的标准差分别是 0.937、0.841、0.908。这三项指标的认同程度和认同的一致性较低的原因来自于被调查者普遍存在对项目风险和风险管理意识的缺乏，这一点在后期与被调查者的回馈沟通过程中得到了确认。而如何识别风险的来源、如何有效地降低风险的总量，是本研究的重点环节。

指标"需要一个临时项目领导小组对相关方的实际投入进行监督"（SUPERV），其均值为 3.941，标准差为 0.931，被调查者对该指标的认同程度较低，而且出现一定程度的分歧，这在某种程度上与被调查者的心理状态有关，正如"所有的人都认同管理的有效性，但是所有的人不愿意被管理"一样，项目的利益相关方也基于该思想，不希望有外界的组织对其自身的行为进行控制和监督，被调查者在回答该问题时带有一定的主观倾向性。

总体上讲，根据上面的外部性指标，被调查者对调查问卷的各项指标的认同程度还是比较高的，说明他们对这些项目关键成功因素能够接受并在很大程度上能够认可，这可以从其各题项得分看到：全部超过临界值 3，并且绝大部分超过了 4（去掉了关于项目背景调查的题目，这一比率为 22/27 = 0.81）。

综上所述，从某种意义上讲，上述题项得分（除去被调查者关于项目背景性信息的回馈）已经构成了对项目成功因素评价的外在性指标。相应地，在这里可以给出基于项目治理视角的项目关键成功因素指标体系。其中具体包括如下结构维度，即项目利益相关方的需求获取维度、项目利益相关方的治理角色定义维度、项目利益相关方角色风险的处置维度，以及项目利益相关方治理角色关系的建立维度。但这种评价指标体系仍然存在如下缺陷：

其一，需要对评价指标体系的效度做出检验，换言之，需要对指针问题与潜在变量之间的关系强度做出检验，从统计学的角度讲，需要证明其间存在关系并且这种关系是显著的。

其二，需要对潜在变量之间的作用结构做出说明，其中包括作用关系的规定与作用强度说明。

这两点都需要对数据做进一步的分析。本书将在下面假设模型的分析中解决上述问题。

4.2 假设模型的 SEM 检验

如前所述，本节在这一部分需要完成两个任务：其一，检验指针与结构变量之间存在的关系及其显著性检验；其二，对结果变量之间的结构性关系做出说明。

4.2.1 指针与结构变量之间的效度检验

该问题实质上涉及结构方程模型分析中验证型因子分析的环节。事实上，根据上文中有关结构方程模型的要求，需要逐次验证两个结构变量及其相应指针之间的关系及其显著性，并在此基础上做综合性验证。考虑到模型的简洁性，本研究所做具体工作如下。

1. 验证性因子分析

验证性因子分析主要涉及如下结构变量总体与项目利益相关方的需求获取维度、项目利益相关方的治理角色定义维度、项目利益相关方角色风险的处置维度，以及项目利益相关方治理角色关系的建立维度。

根据前面的假设模型的要求以及上述章节对识别步骤的规定，利用 A-MOS7.0 软件，对假设模型进行参数估计与模型拟和，路径图如图 4 – 1 所示，获得相应的参数标准化解（Standard Solution）与统计显著性 p 值如表 4 – 8 所示。

首先对模型的整体拟和状况做出检查。其中模型的总体 X^2 值为 616.857，模型自由度为 318，其比值为 1.940，小于判断临界点 3.0；同时 RMSEA 指标值为 0.071，处于可以接受的范围（0.05—0.08）。因此，总体上讲，验证性因子分析模型通过相关指针验证。

在此基础上，考察绝大部分指针问题与结构变量之间的关系强度及其显著性。检验结果如表 4 – 8 所示，绝大部分指标问题与相应的结构变量之间存在明显的作用关系（特殊指标在下文中单独处理），相应的 C. R. 值均大于 1.96 的参考值，这表明各路径系数在 p = 0.05 的水平上具有统计显著性，证明指针问题与结果变量之间的关系是显著的。

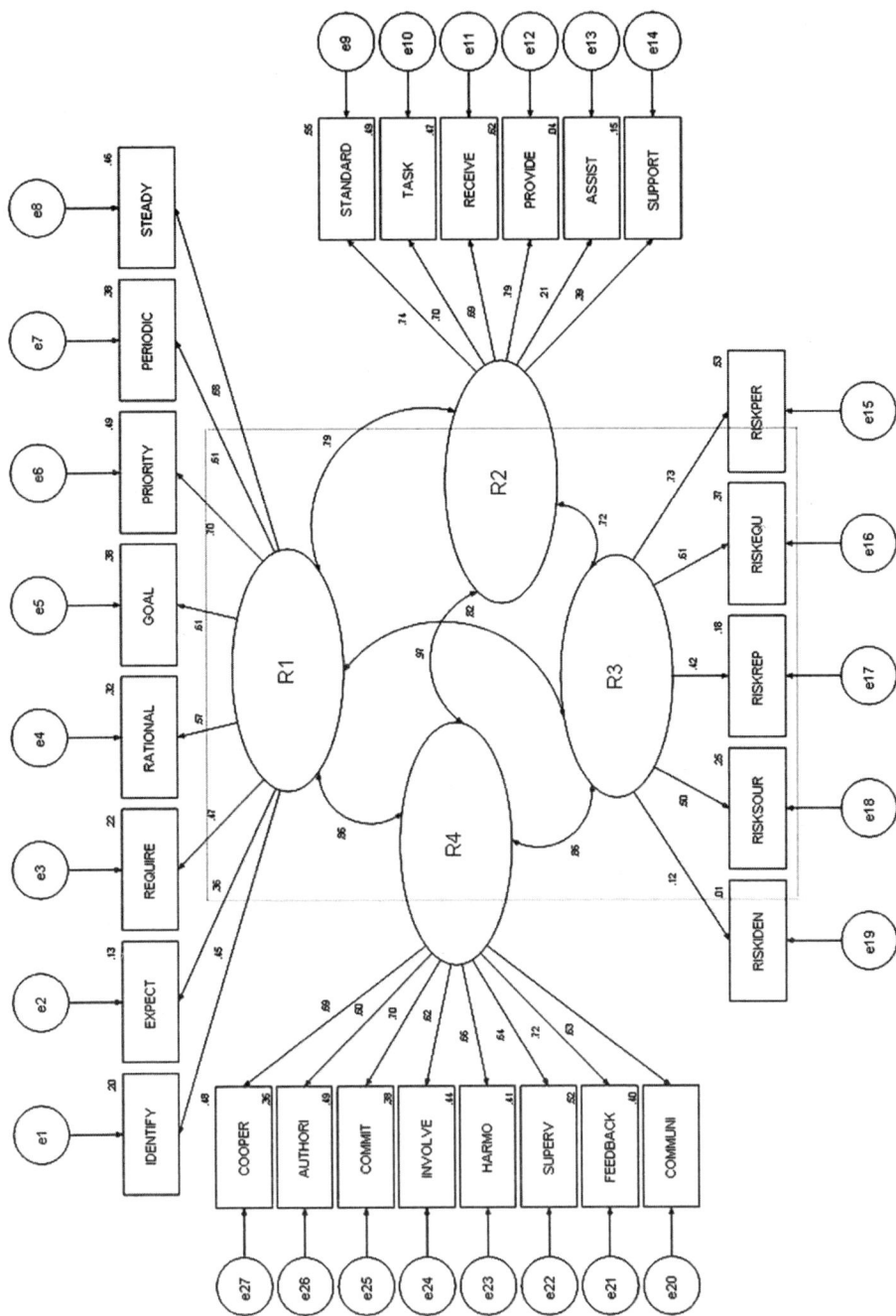

图4—1 验证性因子分析的路径

表 4 - 8　验证性因子分析的标准化解和 p 值

测量指标	作用方向	潜在变数	路径系数	判断概率
IDENTIFY	←	R1	.449	
EXPECT	←	R1	.361	<0.01
REQUIRE	←	R1	.470	<0.01
RATIONAL	←	R1	.569	<0.01
GOAL	←	R1	.614	<0.01
PRIORITY	←	R1	.699	<0.01
PERIODIC	←	R1	.613	<0.01
STEADY	←	R1	.680	<0.01
STANDARD	←	R2	.739	
TASK	←	R2	.699	<0.01
RECEIVE	←	R2	.686	<0.01
PROVIDE	←	R2	.787	<0.01
ASSIST	←	R2	.208	.007
SUPPORT	←	R2	.387	<0.01
RISKPER	←	R3	.727	
RISKEQU	←	R3	.610	<0.01
RISKREP	←	R3	.423	<0.01
RISKSOUR	←	R3	.501	<0.01
RISKIDEN	←	R3	.119	.142
COMMUNI	←	R4	.629	
FEEDBACK	←	R4	.722	<0.01
SUPERV	←	R4	.642	<0.01
HARMO	←	R4	.665	<0.01
INVOLVE	←	R4	.616	<0.01
COMMIT	←	R4	.699	<0.01
AUTHORI	←	R4	.601	<0.01
COOPER	←	R4	.692	<0.01

2. 特殊指标处理

通过检验可以发现大部分指针与其潜在变量之间具有较好的相关性，只有两个指标需要进一步研究："识别由于利益相关方的能力、态度、信用等带来的项目风险"（RISKIDEN）和"高层管理者能够在项目遇到困难的时候对项目提供必要的帮助"（ASSIST），因为指标 RISKIDEN 的拟合指数较低，其显著性检验指标 $p = 0.142 > 0.05$，超出了可以接受的水平，而指标 ASSIST 的拟合指数也比较低。

被调查者普遍反应高层领导在项目实施过程中最重要的职能就是资源的支持，而从技术等其他角度很难提供足够的支持，最重要的是不同的项目角色能够在足够的、合理的资源支持下独立开展工作。而对于风险识别问题的看法，被调查者尚未形成有效的风险管理意识，并且认为风险的管理主要依赖于个人的经验、环境和体制等隐形因素，经过与有关专家的讨论，考虑到本研究的方向和特色，故对上述 ASSIST 指标进行了保留。

通过上述验证性因子分析模型，可以发现在指针问题及其对应的潜在结构变量之间存在比较明显的解释与被解释关系，并且这种关系是显著的。于是从验证性因子分析的角度分析，研究设计的指针体系对于反应治理视角下的项目成功关键环节和领域是有效的。因此，四个环节的测量指标具有较好的代表性。

4.2.2 假设模型的结构性验证

本部分需要对假设模型进行结构性验证，换句话说，需要对假设模型中的潜在因子的相关关系进行检验。因此本研究对假设 HA－1、HA－2、HA－3、HA－4 进行验证。

根据上文假设，利用 AMOS7.0 软件可获得参数标准化解和统计显著性 p 值。模型检验的路径图如图 4－2 所示，参数标准化解和 p 值如表 4－9 所示。

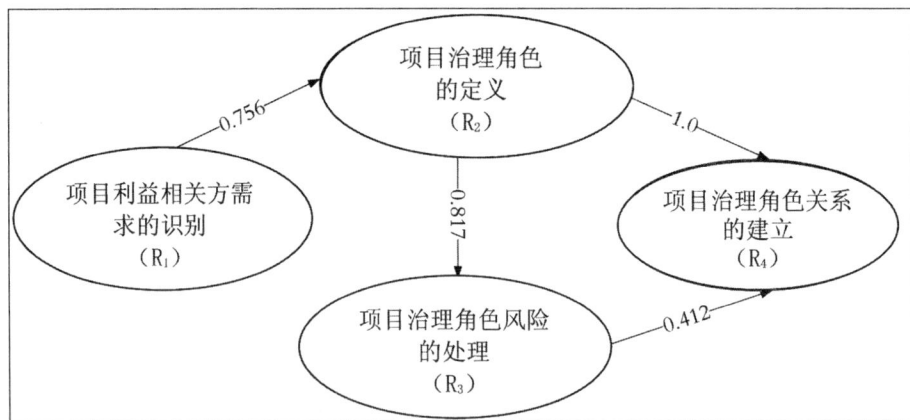

图 4－2　假设模型的结构性验证路径

表 4 - 9　假设模型的结构性验证参数标准化解和 p 值

测量指标	作用方向	潜在变量	路径系数	判断概率
R_2：ROLES	←	R_1：REQUIREMENTS	0.756	
R_4：RELATIONSHIPS	←	R_2：ROLES	1.000	<0.01
R_3：RISKS	←	R_2：ROLES	0.817	<0.01
R_4：RELATIONSHIPS	←	R_3：RISKS	0.412	<0.01

根据图 4 - 6 和表 4 - 10 结果，首先对模型的整体拟合状况做出检查，如表 4 - 10 所示，其中模型的总体 X^2 为 643.757，模型的自由度为 321，其比值为 2.005，小于临界值 3；同时 RMSEA 值为 0.074，处于可以接受的范围之内（0.05—0.08），从总体上看，结构模型可以通过验证。

表 4 - 10　假设模型的结构性验证拟合系数

指标	实际指标值	指标接受标准	结论
CMIN/ DF	2.005	最大不超过 5	通过检验
NFI	0.87	接近 1	接受
CFI	0.89	接近 1	接受
RMSEA	0.074	尽量小于 0.08	通过检验

考察结构变量之间关系的强度和显著性，可以发现，在假设中提出的潜在变量之间的逻辑关系是存在的，相应的 C. R. 值均大于 1.96 的参考值，这表明各路径系数在 p = 0.05 的水平上具有统计显著性，因此得到结构性验证的结论如下。

结果 HA - 1：项目利益相关方需求识别（R_1）是项目治理角色定义（R_2）的基础，R_1 对 R_2 的支撑性可以由 R_1 对 R_2 的正向影响程度来判别。

结果 HA - 2：项目治理角色（R_2）是项目治理角色风险处理（R_3）的基础，R_2 对 R_3 的支撑性可以由 R_2 对 R_3 的正向影响程度来判别。

结果 HA - 3：项目治理角色（R_2）是项目利益相关方关系建立（R_4）的基础，R_2 对 R_4 的支撑性可以由 R_2 对 R_4 的正向影响程度来判别。

结果 HA - 4：项目治理角色风险（R_3）是项目利益相关方关系建立（R_4）的基础，R_3 对 R_4 的支撑性可以由 R_3 对 R_4 的正向影响程度来判别。

至此，假设 HA - 1、HA - 2、HA - 3、HA - 4 得到验证。

4.2.3 假设模型中的因果关系验证

在对以上各假设进行验证之后，需要探究模型中的四个关键步骤对项目绩效的影响，以判断这四个关键领域是否对项目的绩效存在显著性的影响关系，为此建立以下模型，如图4-3所示。

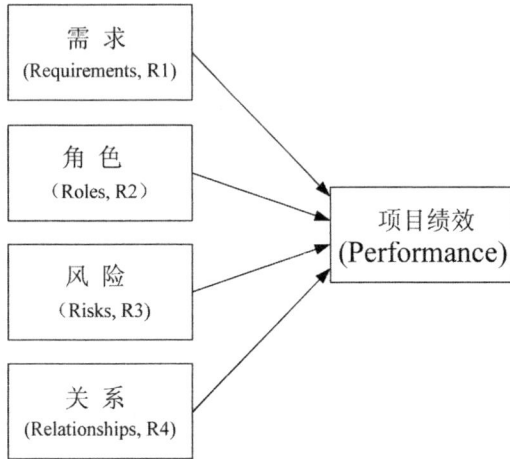

图4-3　结构方程因果关系路径

图中的四个关键环节均对项目绩效具有影响，此处的项目绩效，是可以观测的直接变量，主要表现为项目的绩效参数，因此用项目进度、费用的指针和项目产品的实现程度作为表现。然而，考虑到四个关键领域无法直接测量，本部分使用显性测量指标来表示各个关键领域，建立结构方程模型的全模型，进行回归检验，以探求四个关键领域对项目绩效的影响效果。利用 AMOS7.0 软件可获得参数标准化解和统计显著性 p 值。模型检验的路径系数和模型的拟合参数如表4-12、表4-13所示，图4-4为结构方程因果关系路径参数标准化。

表4-11　结构方程因果关系路径系数

结果变量	作用方向	作用变量	路径系数	标准误.	临界比率	判断概率
PERFORMANCE	←	R1	0.194	0.082	2.375	0.018
PERFORMANCE	←	R2	1.000			
PERFORMANCE	←	R3	0.722	0.295	2.446	0.014
PERFORMANCE	←	R4	1.104	0.353	3.126	0.002

表 4 – 12　结构方程全模型拟合参数

指标	实际指标值	指标接受标准	结论
CMIN/ DF	2.32	最大不超过 5	接受
NFI	0.75	接近 1	基本接受
CFI	0.84	接近 1	接受
RMSEA	0.08	尽量小于 0.08	接受

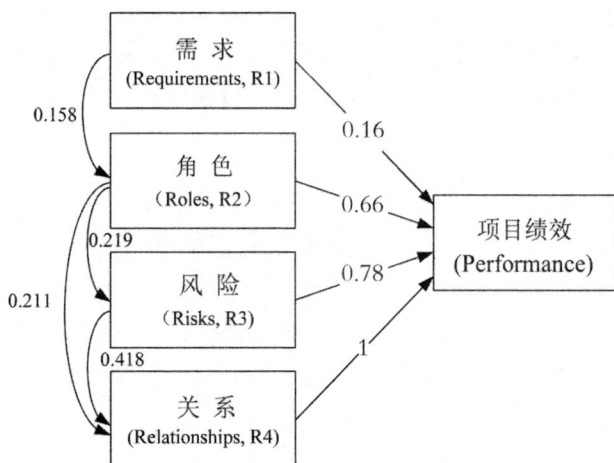

图 4 – 4　结构方程因果关系路径参数标准化

　　根据上述分析结果，可以看出，模型中的四个关键领域（Requirements，Roles，Risks，Relationships）对项目的绩效都具有显著性影响。

　　通过以上因果关系模型的验证，可以得到以下结论：

　　结果 HB – 1：电信大客户营销项目利益相关方的需求明确是项目成功的关键影响因素，需求的清晰程度对项目绩效具有正向影响。

　　结果 HB – 2：电信大客户营销项目治理角色的定义是项目成功的关键影响因素，角色定义的明确程度对项目绩效具有正向影响。

　　结果 HB – 3：电信大客户营销项目利益相关方的风险管理是项目成功的关键影响因素，风险管理的有效性对项目绩效具有正向影响。

　　结果 HB – 4：电信大客户营销项目利益相关方之间关联关系的建立是项目成功的关键影响因素，关系的稳定性对项目绩效具有正向影响。

　　至此，假设 HB – 1、HB – 2、HB – 3、HB – 4 得到验证。

4.3 实证结论分析

4.3.1 假设模型的实证性结论

通过问卷设计、数据回收与整理、数据描述性分析和结构方程的验证分析，本书得到以下实证性结论。

（1）由于对问卷回收的过程进行了跟踪，对问卷填写中出现的问题进行了及时处理和修正，本次问卷回收的比例尤其是有效问卷的比例较高，这对于后续的数据分析提供了良好的基础。

（2）通过对资料的描述性分析，问卷信度得到了较好的验证，被调查者对问题指标的认同程度和一致性较高。本研究基于调查结果，在充分尊重资料和现实情况的基础上，对部分指标的合理性进行了解释。

（3）由于模型的特点，不能完全用 SPSS 进行回归分析等数据处理，因此本研究引入了结果方程模型来处理变量 – 指针的验证性因子分析和变量 – 变量的结构性验证等环节。对部分拟合程度不好的指针和变量进行了解释，权衡了数据的客观性和现实过程的合理性，对模型的内部因素进行了修改和完善。

4.3.2 对实证模型的进一步讨论

基于以上分析，本研究证明了电信大客户营销项目治理 $P - R^4$ 模型的合理性，对模型内涵的进一步归纳和整理如下。

在项目生命周期的不同阶段，项目治理涉及的项目利益相关方各有不同。因此在整个项目生命周期的进程中，随着项目利益相关方的进入和退出，将会出现一个迭代的过程，每次迭代主要包含以下关键步骤和内容：

第一步：项目利益相关方需求（Requirements）的获取和明确。对于多组织参与同一个项目的情况，在项目生命周期的不同阶段，很多责任是由项目的利益相关方承担而不是由项目经理承担的。项目治理的目的就在于明确和落实他们的责任，即项目治理角色，并提高其兑现责任承诺的可靠性，要做到这点，必须从识别利益相关方及界定他们的需求做起。

第二步：项目利益相关方治理角色（Roles）的划分与确定。项目利益相关方之间因彼此对项目的期望而构成利益网络，彼此之间既有需求又有责任。项目治理角色是指项目参与方承担的项目治理任务的责任和权利组合。为了满足一个项目利益相关方的需求，可能需要一个或几个其他利益相关方来承担不同的责任，也就是说，需要由其他相关方来扮演不同的治理角色来满足一个项目利益相关方的需求。

第三步：项目治理角色承担风险（Risks）的识别与处置。在多个组织参与同一项目的情形下，项目利益相关方可能来自不同的行业，会有不同的发展策略、不同的资源，在其投入项目时会权衡多种机会损失，他们对其承担的治理角色能否兑现充满变量，如何才能对治理角色的风险承担进行有效管理是项目治理研究的关键。

第四步：项目治理角色之间关联关系（Relationships）的建立。项目治理角色之间一般是通过合同等契约方式建立。对来自不同组织的项目利益相关方来说，法人之间的契约关系由于其过程的透明度较低、可干预性和连带的激励性相对较弱，因此会带来较高的风险。当信用损失造成的短期利益高于其不良后果时，这些契约的风险不仅难以识别，而且难以控制。如何建立项目治理角色之间的关联联系，使项目利益相关方之间真正形成一种可靠的价值联盟，同时项目结束后也可以进一步稳固彼此之间的价值依靠以有效地化解风险是项目治理的最终落脚点，也是项目治理结构及其可靠性保证机制实现的必要条件。

本书第 2 章已经对当前项目管理领域的研究以及项目治理的前沿研究进行了总结和提炼，选择了基于角色的项目治理研究方向，并对本书的概念原型进行了完善，形成了项目治理的假设模型，该模型建立在原有的项目治理研究成果、笔者和有关专家学者的项目经验和电信大客户营销项目的特点等多方面的基础之上，虽然模型的来源是已经经过验证的理论研究和一线的项目经验，但是仍然缺少对模型的实证分析。通过实证研究，本书得到了电信大客户营销项目治理的实证模型，这不仅是对项目治理假设模型在电信大客户营销项目中的验证，而且为今后同类项目乃至类似项目进行项目治理与管理实践提供了可操作的指南，对实证模型进行分析和解释的内容，本书将在后续章节进行阐述。

第5章 电信大客户营销项目治理模型的实现

本章在电信大客户营销项目治理模型得到实证检验的基础上，对本书中已经证明的相关假设的实证结果进行分析，研究如何实现电信大客户营销项目利益相关方需求到项目治理角色、项目治理角色到项目治理的角色风险、项目治理角色到项目利益相关方之间关系的转变。

5.1 电信大客户营销项目利益相关方需求与项目治理角色的转化过程分析

电信大客户营销项目利益相关方需求和项目治理角色的转化是通过一系列QFD[①]矩阵实现的。通过对项目利益相关方需求的获取和整理，可以得到需求层次（见表5−1），其中X、Y、Z分别代表项目利益相关方的三个需求。

表5−1　项目利益相关方需求层次

一次水平	二次水平	三次水平
利益相关方需求	X	X_1
		X_2
		X3
	Y	Y_1
		Y_2
		Y_3
	Z	Z_1
		Z_2

---

① QFD（Quality Function Deployment，质量功能展开）是把顾客或市场的要求转化为设计要求、零部件特性、工艺要求、生产要求的多层次演绎分析方法。

1. 利益相关方需求到项目产品或服务特性的转化

要建立利益相关方需求与治理角色的对应关系，首先要实现利益相关方需求到项目产品或服务特性的转化。

借鉴鱼刺图①的思想，由专业人员找出为了实现利益相关方需求，项目产品或服务特性所应呈现的特点。通过以上方法，例如，针对上文的电信大客户营销项目，可以得到项目产品或服务特性层次芭（见表5-2）。

表5-2　项目产品或服务特性层次表

一次水平	二次水平	三次水平
项目产品/服务特性	A	A_1
		A_2
	B	B_1
		B_2
	C	C_1
		C_2
		C_3

在项目产品或服务特性层次表的基础上构建质量菜单，通过专业人员和专家团队确定利益相关方需求和项目产品或服务特性的关联关系。例如，对上文中的示例项目，假设存在"强""弱"两种对应关系，可以得到如表5-3所示的将需求转化为项目产品或服务特征的质量菜单。

---

① 鱼刺图也称因果分析图，是由日本管理大师石川馨先生于1943年开发出来的，用于分析问题的原因，找出所有可能影响问题的根本因素。

表5-3　利益相关方需求与项目产品或服务特性的对应关系（定性）

项目产品/服务 特性　　相关方需求		A_1	A_2	B_1	B_2	C_1	C_2	C_3
		A		B		C		
X	X_1			弱				强
	X_2	强			弱			
	X_3							
Y	Y_1			弱				强
	Y_2	弱				强		
	Y_3							
Z	Z_1			强				
	Z_2		强			弱		

　　在此基础上，可以给"强""弱"关系赋值，假设给"强"赋值"3"、"弱"赋值"1"，则表5-3可以转化为表5-4。这种对应关系可以为下文中项目治理主体的确定奠定基础，具体分析在下文中展开。

表5-4　利益相关方需求与项目产品或服务特性的对应关系（定量）

项目产品/服务 特性　　相关方需求	A_1	A_2	B_1	B_2	C_1	C_2	C_3
A		B		C		
X	3		1	1			3
Y	1		1		3		3
Z		3	3		1		

2. 利益相关方需求与项目方案对应关系的建立

　　根据上述对相关方需求转化为项目产品或服务特性的过程，首先应用改进的QFD矩阵实现从项目产品或服务特性到项目方案的映射。继续沿用上述举例，笔者设计了从项目产品或服务特性到项目方案的QFD矩阵，如表5-5所示。

表 5-5　项目产品或服务特性与项目方案的对应关系（定性）

项目方案　项目产品/服务特性		D		E			F	
		D_1	D_2	E_1	E_2	E_3	F_1	F_2
A	A_1		弱				强	
A	A_2	强			弱			
B	B_1			弱				强
B	B_2	弱				强		
C	C_1			强				
C	C_2	强				弱		
C	C_3		强		弱			

　　在此基础上，可以继续给"强""弱"关系赋值，假设给"强"赋值"3"、"弱"赋值"1"，则表 5-5 可以转化为表 5-6。

表 5-6　项目产品或服务特性与项目方案的对应关系（定量）

项目方案　项目产品/服务特性		D		E			F	
		D_1	D_2	E_1	E_2	E_3	F_1	F_2
A	A_1		1				3	
A	A_2	3			1			
B	B_1			1				3
B	B_2	1				3		
C	C_1			3				
C	C_2	3				1		
C	C_3		3		1			

　　在 X、Y、Z 三个相关方需求之间关系的基础上，结合项目产品或服务特征、

项目方案的关系，运用网络最大流①的原理，完成从项目利益相关方需求到项目方案的直接映像，结合表5-4和表5-6，可以得到如下关系（见表5-7）。

表5-7　相关方需求与项目产品/服务的映像关系

项目产品/服务特性 相关方需求	A		B		C		
	A_1	A_2	B_1	B_2	C_1	C_2	C_3
X	3		1	1			3
Y	1		1		3		3
Z		3	3		1		
	$1D_2+3F_1$	$3D_1+1E_2$	$1E_1+3F_2$	$1D_1+3E_3$	$3E_1$	$3D_1+1E_3$	$3D_2+1E_2$

通过表5-7可以看出，相关方需求 X 与 A_1 是分值为 3 的关联关系，A_1 与项目方案 D_2 是 1 分的关联关系，与 F_1 是 3 分的关联关系，将 X—A_1—D_2 和 X—A_1—F_1 看成两个简单的容量网络，那么依据网络最大流的原理，可以得出在这两个网络中，X 与 D_2 的关系是 1 分，X 与 F_1 的关系是 3 分。按照此方法，可以得出 X 通过其他需求项与项目方案的关联关系大小，然后将同一个项目方案的关系分值相加整理。对于 Y 和 Z，采取同样的过程，就可以得到项目利益相关方需求与每一个项目方案的关联关系分值，如表5-8所示。

表5-8　项目利益相关方需求与项目方案的映射关系

项目方案 相关方需求	D		E			F	
	D_1	D_2	E_1	E_2	E_3	F_1	F_2
X	1	4	1	1	1	3	1
Y		4	4	1		1	1
Z	3		2	1			3

3. 利益相关方需求与项目活动对应关系的建立

下一步再次利用修正的 QFD 矩阵，完成项目方案到项目活动的转变，以及

---

① 网络图中从源点到汇点经过的所有路径的流量和即为最大流。

项目利益相关方需求到项目活动的映像（见表 5–9）。

表 5–9　项目方案与项目活动的对应关系

项目方案 ＼ 项目活动		G			H		I	
		G_1	G_2	G_3	H_1	H_2	I_1	I_2
D	D_1	强					强	
	D_2		强		弱			
E	E_1		弱	弱				强
	E_2	弱		强		强		
	E_3	弱						
F	F_1				强	弱		
	F_2	强						弱

在此基础上，可以给继续给“强”“弱”关系赋值，假设给“强”赋值“3”、给“弱”赋值“1”，则表 5–9 可以转化为表 5–10。

表 5–10　项目方案与项目活动的对应关系（定量）

项目方案 ＼ 项目活动		G			H		I	
		G_1	G_2	G_3	H_1	H_2	I_1	I_2
D	D_1	3					3	
	D_2		3		1			
E	E_1		1	1				3
	E_2	1		3		3		
	E_3	1						
F	F_1				3	1		
	F_2	3						1

根据表 5–8 和表 5–10，实现从项目利益相关方需求项目方案和到项目活动的映射，结果分别如表 5–11 和 5–12 所示。

表 5 – 11　项目利益相关方需求与项目方案的映射关系

项目方案 相关方需求	D		E			F	
	D_1	D_2	E_1	E_2	E_3	F_1	F_2
X	1	4	1	1	1	3	1
Y		4	4	1		1	1
Z	3		2	1			3
	$3G_1 + 3I_1$	$3G_2 + 1H_1$	$1G_2 + 1G_3$ $+ 3I_2$	$1G_1 + 3G_3$ $+ 3H_2$	$1G_1$	$3H_1 + 1H_2$	$3G_1 + 1I_1$

表 5 – 12　项目利益相关方需求与项目活动的映射关系

项目活动 相关方需求	G			H		I	
	G_1	G_2	G_3	H_1	H_2	I_1	I_2
X	4	4	2	4	2	2	1
Y	2	4	2	2	2	1	3
Z	7	1	2		1	4	2

4. 利益相关方需求与项目治理角色对应关系的建立

第三步需要完成项目活动与项目治理角色的对应关系，并实现项目利益相关方需求到项目治理角色的映射。项目活动与项目治理角色的对应关系（如表 5 – 13 所示）。

表　5 – 13　项目活动与项目治理角色的对应关系

项目治理角色 项目活动		J	K	L	M
G	G_1	强		弱	强
	G_2		弱	强	
	G_3				
H	H_1				强
	H_2	弱	强	强	
I	I_1				
	I_2	弱		弱	

在此基础上，可以继续给"强""弱"关系赋值，假设给"强"赋值"3"、"弱"赋"1"，则表 5 - 13 可以转化为表 5 - 14。

表 5 - 14　项目活动与项目治理角色的对应关系（定量）

项目活动 \ 项目治理角色		J	K	L	M
G	G_1	3		1	3
	G_2		1		
	G_3			3	
H	H_1				3
	H_2	1		3	
I	I_1		3		
	I_2	1		1	

根据表 5 - 12 和表 5 - 14，可以得到项目利益相关方需求和项目活动的关联关系，如表 5 - 15 所示。通过项目活动可以完成从项目利益相关方需求到项目治理角色的映射，如表 5 - 16 所示。

表 5 - 15　项目利益相关方需求和项目活动的关联关系

相关方需求 \ 项目活动	G			H		I	
	G_1	G_2	G_3	H_1	H_2	I_1	I_2
X	4	4	2	4	2	2	1
Y	2	4	2	2	2	1	3
Z	7	1	2		1	4	2
	3J + 1L + 3M	1K	3L	3M	1J + 3L	3K	1J + 1L

表 5 - 16　项目利益相关方需求到项目治理角色的映射

项目治理角色 相关方需求	J	K	L	M
X	5	3	6	6
Y	4	2	6	4
Z	5	4	5	3

　　使用 QFD 进行逐步转化和映射，最终可以实现项目利益相关方需求到项目治理角色的匹配，表 5 - 16 中 J、K、L、M 分别代表不同的项目治理角色，各项目利益相关方需求与四种治理角色映射关系的数值反映了这种匹配程度的强弱。

5.2 电信大客户营销项目治理角色与角色风险的转化过程分析

5.2.1 项目利益相关方治理角色风险的来源

1. 项目风险和风险管理的内涵

　　项目内外部环境的复杂性以及项目本身的一次性、独特性等特点，使得项目存在着大量的不确定性（戚安邦，2003）。项目不确定性的存在使项目的管理者及其他相关利益者，在无法确知行动结果的情况下制定项目目标和行动计划，在项目的实施中逐渐调整，给项目带来各种风险，有时甚至会改变项目的主要目标和行动计划。各种不确定性发生的可能性大量增加，造成的风险规模也日益扩大，使得面向项目不确定性的风险管理工作有了更大紧迫性。

　　而风险管理就是将项目的不确定性事件或活动，努力转化为项目的确定性事件或活动的过程（Maruboyina R.，2003）。然而现有的项目风险管理理论和实践主要是针对项目风险结果，缺乏对引发项目风险结果的根源——不确定性事件进行识别、预防和规避的研究。在这种风险管理过程中，项目管理人员不是直接管理项目的不确定性，而是被动地接受项目的不确定性结果，并用面向风险结果的方法进行管理（戚安邦，2008）。这种事后管理的方式在很大程度上仅仅是转嫁了风险的承担者，而不是从消除风险的根源上减少风险的总量。这种方式与现有

的项目利益相关方满意的理念是背离的。此外，由于参与同一项目的利益相关方
对本项目的需求、重视程度等都不同，他们之间也无法形成长期稳定的合作关
系，致使各相关方之间产生各种矛盾。本书从项目不确定性和相关方之间的矛盾
两个方面出发，分析现有项目风险管理研究中存在的不足，在此基础上提出面向
不确定性和以化解各相关方矛盾为导向的项目治理角色风险处置机制。

2. 项目合作过程的不确定性

由多个组织参与共同完成一个项目的情况已经越来越普遍，不管这些项目利
益相关方对项目的贡献程度是多少，他们都对项目的成功发挥着重要作用。然而
这些企业大都是独立的经济实体，具有从事经营和管理自主权。这一状况在某种
程度上增加了项目合作过程中不确定性的风险。这种不确定性一般来自以下几个
方面。

（1）项目利益相关方之间的不确定性。项目利益相关方之间的关系可以简
单地分解为两个相关方的供需关系，而项目利益相关方之间的不确定性就集中表
现在相关方之间的供需环节上。由于项目只是为了完成某一特定目标的临时性组
织，而每个参与项目的企业却都是独立经营和管理的经济实体，企业之间关系依
赖于信息的传递和工作的交接。但由于信息沟通机制和工作交接管理的不完善，
会产生信息延迟、失真和工作接口漏洞等问题，而信息的延迟和失真等现象将导
致各利益相关方之间沟通不充分，对项目的进展、目标、现有成果等在理解上出
现分歧，对顺利完成项目产生较大影响。而同时发生的由于工作接口的定义不清
晰，导致相关方之间的工作成果无法顺利交接，导致工作成果产生一定程度的堆
积并影响后续活动的进行，这种现象类似于"牛鞭效应"，最终的结果只能是使
项目的进度发生不断恶化的延迟。

（2）项目利益相关方内部的不确定性。由于相关方同时开展多个项目，因
此在其内部的生产过程中会因为设备的故障、资金的不足、关键人员的短缺以及
原材料供给不上等问题而停滞。除此之外，多个相关方的生产系统的性能和可靠
性处在不同水平上。当差距很大时，会造成生产的不平衡和协调困难。这种原本
属于相关方内部的不确定性，会影响到整个项目的进展和产品质量。

（3）相关方对项目需求的不确定性。各相关方都是怀有各自对项目的期望
来参与项目的，然而由于期望的模糊性和笼统性，他们的需求并没有得到清晰的
定义和明确，本章第一节已经对此问题进行了讨论并提出了解决方案。然而由于
对相关方期望挖掘程度的局限性以及对专家主观评价的依赖性，该方案只是在一

定程度上对此问题进行化解并不能根除。随着相关方对自身参与项目的期望、需求和收益逐渐明确，他们的需求可能会发生变化从而影响整个项目目标的稳定性，甚至有可能会基于自身的利益采取一些不利于整个项目实施和其他相关方收益的做法。这种需求的不确定性使准确预测的难度加大，很容易增加整个项目层面的实施风险。

（4）外界环境的不确定性。主要表现在天灾人祸（包括地震、火灾等）、政治的动荡、意外的战争等。这些会影响到项目合作各方的某些组织，从而影响到整个项目的稳定。虽然发生重大意外事件的概率很小，但是项目所存在的系统的动态性导致外界环境的微小变化都会使这种不确定性普遍地存在于项目中。

3. 项目各利益相关方之间的矛盾

在本书的研究中曾经指出项目的利益相关方是合作伙伴关系而不是委托代理关系。然而由于每个组织层面的相关方都是独立经营的，组织的战略目标、经营方式以及组织文化等方面存在着诸多差异。因此，相关方之间也存在着不同程度的矛盾。主要表现在以下几个方面：

（1）实现项目整体目标和单个相关方追求自身利益最大化的矛盾。参与项目的各相关方之间是紧密的合作伙伴关系，但也会出现个别相关方为追求自身利益最大化而损害合作伙伴的利益，从而影响整个项目收益的情况。有时候相关方并不愿意为了整个项目的整体利益而牺牲本组织自身的利益，很多相关方还局限在提高本组织的经营利润，而难以从整个项目的高度去考虑项目实施的整体性和协同性。这种矛盾会给参与项目的其他组织和整个项目带来不可预测的损失。

（2）权力控制造成的矛盾。参与项目的各相关方之间是平等、互利的协作关系，而权力控制则是指有些组织利用自己在项目中的优势地位和相对权力而凌驾于其他企业之上，如提供垄断性的产品或服务的组织。一般地，项目中各相关方的地位和重要性是不同的，有些相关方为项目的付出多、责任大，理应获得较大的权利，这种适当的权力控制有益于项目的治理。但是，不顾合作伙伴利益的权力控制将对项目的开展产生不利影响。有时，核心的组织会只考虑到自身利益，擅自应对市场的变化，做出对自己有益而对项目和其他相关方不利的决策和行为，这种权力控制往往产生相关方之间的矛盾和冲突。

（3）来自信任和信用的风险。参与合作项目的各相关方有时不能完全信任合作伙伴，彼此猜忌，各留一手，导致信息的隐蔽和不对称现象时有发生。有的相关方可能会因各种原因而不能遵守合同规定，或者见利忘义，给合作伙伴带来损害。这种信任和信用的风险，常常会导致项目合作伙伴关系破裂，给项目带来巨大的实施风险。

5.2.2 项目利益相关方治理角色风险的分类

对项目风险的分类，目前国内外已有较多而且成熟的研究成果，但是这些研究都是基于项目管理的视角开展，对这些风险的研究基于项目经理可管理的范围来进行。项目治理的核心就是解决项目管理之外的项目问题，解决项目经理无法控制和管理的问题，因此基于项目治理视角的风险和原有的项目风险相关研究不同。

项目治理在很大程度上是对项目利益相关方之间的关系进行管理，因此对项目治理中的风险开展研究，也是围绕项目的利益相关方展开，这与上文中"项目利益相关方治理角色风险"的说法是一致的。根据项目治理中的风险来源，参考现有的对项目风险管理开展的研究，本文对项目利益相关方治理角色风险进行了分类，如表 5 - 17 所示。

表 5 - 17　项目治理角色风险分类

风险分类	风险因素
项目需求风险	相关方需求不清导致的风险 相关方需求变动导致得风险
项目结构风险	项目计划缺陷导致的风险 项目网络结构导致的风险
项目合作风险	合作相关方选择导致的风险 相关方工作接口导致的风险 信息传递与沟通导致的风险 相关方信用缺失导致的风险
主观行为风险	相关方独立决策导致的风险 相关方组织文化导致的风险 相关方工作能力导致的风险
外部环境风险	相关方追求自身利益最大化导致的风险

5.3 电信大客户营销项目治理角色及风险与角色关系的转化过程分析

5.3.1 项目治理中利益相关方关系的内涵

参与项目的利益相关方之间的关系，属于组织之间关系的范畴。组织间关系，是指在商业活动中，企业与其他组织之间重复性的相互作用和交易过程，以及一系列持续性社会联系的集合。目前关于组织间关系的典型定义如表 5-18 所示。

表 5-18　组织间关系的典型定义比较

相关学者	定义	核心词
C. Oliver (1990)	关系是指一个组织与其环境中的多个组织之间建立的相对长久的交易、交流和联系	相对长久、交易、交流、联系
H. Frazier Moore 等 (1990)	关系是一种用政策和实际做法表示的社会管理哲学，它争取在沟通的基础上通过交流获得理解和好感。	沟通、交流
Y. H. Wong 等 (2000)	关系是隐含着持续的利益交换意义的友谊	持续、利益交换、友谊
Su Chenting 等 (2002)	关系是指资源的联合，所有参与者在其中，共享稀缺资源来提高企业绩效	资源联系、共享、企业绩效
C. A. Hackley 等 (2001)	关系是联接参与者来促进社会相互作用和交换的一种特殊社会联系	社会联系、相互作用和交换
罗亚东（1997）	关系就是建立能获得利益的个人联系	个人联系、利益
陈俊杰 (2001)	关系是人与人（或群体、组织）之间，由于某种性质的联系而构成的带有"文化合理性"相关关联的状态	某种性质的联系、文华合理性、关联
M. Holmlund 等 (1997)	关系为至少两个参与者之间的持续相互作用和交易的相互依赖过程	持续、相互作用与交易、相互依赖、过程
刘清华 (2003)	企业间关系就是一组持续性合约关系和社会联系的集合	持续性、合约关系、社会联系

资料来源：李焕荣、马存先：《组织间关系的进化过程及其策略研究》，载《科技进步与对策》，2007 年第 1 期，第 10-13 页。

不同的定义反应了以下五个方面相同的内涵（李焕荣、马存先，2007）：

（1）组织间关系实质上是合约联系（刘清华，2003）。既有正式形式的合约联系，如正常的交易（供货商网络、生产网络、商业服务）、战略联盟（电信企业联盟网络）、合作研发（产学研合作网络）等正式合约联系，也有非正式合约形式，包括情感的（华人企业网络）、血缘的（家族企业网络）、文化的（日本企业网络）和地域的（硅谷高新技术产业集群）等。

（2）组织间关系具有历史的依赖性。也就是说，组织间关系与其原有的和未来的相互作用相联系，组织间相互作用就在于他们之间前后有联系，而且随其持续的相互作用，相互依赖性会变得更大。

（3）组织间关系的构成具有多重性。从联结结构上看，关系包括了多个不同的主体，它们相互联结构成关系网络；从经济结构上看，执行不同活动的参与者之间在价值网中相互连接，相互作用，完成价值网络活动，形成商业网络；从社会结构看，不同组织的人员参与，有情感、认知、文化、语言等社会现象的联结，构成一个社会网络。

（4）组织间关系既有显性表现，又有隐性表现。显性表现为具有正式合约的交易关系，如供应合同、代销合同、特许经营和委托研发等；隐性表现体现为情感、文化、友谊、亲缘、地域等关系，如企业家之间的个人关系、家族关系、老乡关系等，而且这些隐性关系具有不可模仿性、路径依赖性和有价值性，是战略性资源的体现。

（5）组织间关系是一个持续性的过程。没有关系的持续性，网络就失去了区别于市场的特征，时间是一个关系性因素，与组织间关系有关的过去和将来的关系，影响着现在的关系状态（M. Holmlund, J. A. Tomros, 1997）。过程性意味着，一个有效关系的培养需要时间，关系在时间上是连续存在的。关系是网络的基本单位，关系的作用就在于建立长期持续性的联系。特别对于隐性关系，如情感、友谊、信任等关系，更是需要时间的考验。

参与项目的利益相关方之间，在一定程度上也存在上述的关联关系，结合项目自身的临时性和一次性等特点，项目利益相关方之间的关联关系可以用相互之间的契约来缔结，因为项目利益相关方之间是一种合作伙伴关系，这种关系是平等的，它使来自外部的监督变成相关方的自我监督，而实现项目利益相关方之间伙伴关系的手段是一种能够做到"双赢"的契约关系。这种关系可以是常见的合同契约，也可以是一种内部协议（张体勤，丁荣贵，2001）。基于契约驱动的项目组织机制具有如下特征（丁荣贵，张体勤，2004）：

（1）自由性。契约双方具有平等的法律地位，彼此之间存在责任与权利关系，但是除此之外双方是自由的。契约双方除了完成契约中规定的要求外，无须承担其他义务。这样不仅可以更大地发挥项目资源的作用，也符合项目动态性的特点。

（2）开放性。好的契约总是双赢的，契约的双方会努力满足对方的需求，任何一方的需求要得到满足就必须得到对方的支持，契约双方的价值在于对对方的贡献。要对对方产生贡献，就必须了解对方，并根据对方的反应调节自己的行为，因此基于契约驱动的项目组织具有开放性。

（3）互动性。契约双方的工作准则是承诺、责任而不是命令。基于契约的关系是一种工作伙伴关系，彼此发现对方的能力、满足对方的需求、对对方的目标实现提供支持，这是一种互动的依赖关系。

5.3.2 电信大客户营销项目治理中利益相关方关系的类型

基于项目治理的视角，本文对参与电信大客户营销项目的各利益相关方之间的契约关系进行了归纳和分类，如图 5-1 所示。

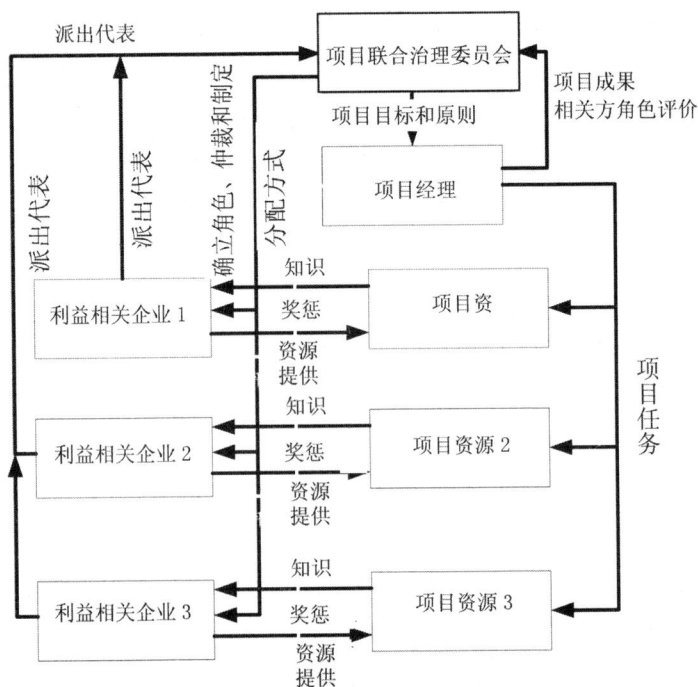

图 5-1　电信大客户营销项目治理过程中的契约关系

图 5 - 1 中的箭线表示了不同的项目利益相关方之间应当形成的契约关系，主要有以下几种：

（1）项目联合治理委员会与项目的利益相关方"临时性项目领导组织——组织成员"关系。项目与企业不同，企业具有一个稳定的高层领导集体，而项目没有，但这并不代表项目不可以成立一个临时性的项目领导集体（项目指导委员会或项目联合治理委员会，本文中采用第二种名称），该组织随项目的存在而存在，其成员由各利益相关方派出代表参加，随着项目利益相关方进入和退出项目，该组织的成员也在相应地发生变化。项目联合治理委员会要确定项目利益相关方在项目中所扮演的角色及收益的分配方式，并随时处理项目中出现的冲突或其他重大问题。

（2）项目联合治理委员会与项目经理的"项目领导者——任务完成者"关系。即由项目利益相关方派出代表组成项目联合治理委员会负责制定项目的目标和原则，并将这些目标和原则传递给项目经理，项目经理在遵守项目原则的前提下，完成项目任务并实现项目目标。

（3）项目的利益相关方与项目经理"资源提供者——资源使用者"关系。项目任务通过各利益相关方组成的团队来完成，因此在项目治理的过程中，各利益相关方向项目团队（项目组）提供专业资源（技术、人员、设备、标准、规范、方法、工具、信息等）。项目经理使用这些资源来完成项目任务，实现项目联合治理委员会提出的项目目标。同时，项目经理会根据资源的使用情况及资源对项目绩效的贡献情况来完成对项目资源的质量评价，并将此评价回馈到资源所属的利益相关方群体中，作为资源提供者和拥有者进行对资源进行绩效考核的依据。

（4）项目的利益相关方与项目资源"资源培育者——专业资源"关系。项目利益相关方对项目的投资，并不仅仅是投入资金，更重要的是投入能够完成项目的合格资源，这些资源的专业性在实施项目的过程中也得到了提升，将项目经验和知识带回到各自从属的相关方组织中，也充实了相关方组织的知识财富，利益相关方也会根据项目资源的绩效和来自项目经理的评价对其采取相应的奖惩措施。

（5）项目经理与项目资源之间是"项目使用者——项目资源"关系。在某一资源参与项目生命周期的某一过程时，项目资源应该服从项目经理的调度和指挥，按照项目经理的工作分配来完成项目任务，实现自身的价值，这是项目经理对项目资源进行评价的重要依据。

第6章 电信大客户营销项目治理模型的案例研究

本章将结合案例，对电信大客户营销项目治理模型的应用过程进行分析。该案例为"检验检疫远程多媒体综合监控实时演示演援"项目，涉及多个集成和应用相关方，符合项目治理特征，而且订单要求系统集成复杂度高，完成时限短（从接单到完成只有 16 天的时间），该项目的圆满完成对砺炼电信运营商大客户管理和系统集成团队至今仍有指导和借鉴意义。

如前文所述，电信大客户营销项目治理的过程可以划分为四个主要阶段：对项目的实施过程进行分解，系统识别电信大客户营销项目治理模型中的关键要素，并对各要素的实现方法予以印证，分析通过电信大客户营销项目治理模型完成对该项目的治理，并最终实现项目目标的过程。

6.1 项目概况

6.1.1 项目背景

口岸是国家的门户，口岸功能的强弱和运行效率的高低，对一个国家和地区的经济发展以及社会繁荣至关重要。特别是随着全球经济一体化和贸易自由化进程的加速发展，口岸管理体制是否顺畅、通关活动是否高效，越来越成为衡量一个企业、一个地区乃至一个国家经济水平和竞争能力的重要指标，对国际资本的流入和中国外经贸乃至整个国民经济的发展都将产生深远的影响。

中国政府历来十分重视口岸工作，为提高口岸工作效率、规范口岸管理，国家于 1996 年前后就开展了口岸管理体制改革试点工作。2001 年，国务院办公厅下发了《关于进一步提高口岸工作效率的通知》，批准由国家海关总署牵头，原对外经济贸易部、原国家质量监督检验检疫总局（以下简称"国家质检总局"）等 7 部门参加的口岸工作联络协调机制。2002 年 5 月，经国务院批准，在上海召开了"提高口岸工作效率现场会"，时任国务院副总理的吴仪同志明确要求各地政府要加强对"大通关"工作的统一领导,全面推行"大通关"制度。2002年6月,时任国务院总理朱镕基等国务院领导同志在视察海关总署时进一步明确了"大通关"制度的内涵,明确要求"政府牵头协调、统一信息平台、手续前推后移、加快实货验放"。

建立"大通关"制度的主要目的,是适应中国对外开放新形势的需要,提高口岸工作效率,改善投资环境,为吸引外资、扩大出口、加快发展开放型经济服务,应对入世和经济全球化的挑战。为全力实施国家部署的"大通关"制度,国家质检总局在2006年4月启动了"电子监管视频监控系统建设项目",旨在对出入境口岸、交通工具检疫、旅检信道、货运信道、查验场地、卫生除害处理场地、进口废物原料/水果/冻肉、供港鲜活产品以及重点生产企业等监控点实施监控。通过联网监控,国家质检总局可以全面掌握各监控点的情况,并可实施指挥和监督职能;使国家检验检疫各直属局和分支局强化对重点场所及敏感货物的监控、规范执法行为,提高各级检验检疫机构应对突发事件的能力和口岸检验检疫电子监管能力。

G省(自治区)政府非常重视电子口岸建设,把电子口岸建设列为2006年G省(自治区)重点专项工作之一。

6.1.2 项目基本情况介绍

为了完成国家质检总局实施"电子监管视频监控系统建设项目"的试点任务,全面落实G省(自治区)政府关于建设电子口岸的要求,G省(自治区)检验检疫局于2006年4月启动了电子监管视频监控系统试点工作。作为项目建设的重要支撑单位,G省(自治区)D通信公司(以下简称"D通信公司")负责G省(自治区)检验检疫局项目建设。D通信公司领导和相关业务部门对该项目予以高度重视,根据上级部署的工程进度迅速制定和布置项目实施方案,加班加点、克服困难,在较短的时间内完成项目建设的各项工作。

G省(自治区)检验检疫局"电子监管视频监控系统建设项目"(以下简称"DJ项目")自2006年3月24日正式启动,整个项目经历了电子监管视频监控试点阶段、电子监管视频监控项目全面上线阶段、监控点完善和地市检疫局专网建设阶段,于2006年11月30完成全部工作,实现了既定的项目目标,进入后期运营维护阶段。

6.2 项目生命周期的阶段划分

6.2.1 项目启动

2006 年 3 月 24 日，D 通信公司接到 G 省（自治区）出入境检验检疫局来函，要求采用 D 通信公司"全球眼"[①] 建设 G 省（自治区）检验检疫视频监控系统，要求于 4 月 20 日开通 10 个点的电路。D 通信公司在收到客户来函后，立即成立专项工作小组，研究项目实施方案并定初步项目计划。

6.2.2 电子监管视频监控系统一期工程

项目一期工程在收到 G 省（自治区）出入境检验检疫局来函即开始进行，专项工作小组共举行 3 次项目组会议，明确了各部门和参与单位的职责，明确各成员完成工作的时限。在为期一个月的项目实施过程中，完成了主要设备选型、方案编制与评审、中心平台建设、监控点设备建设、线路布置与联调等工作。项目的一期工程在建设时间紧、任务重，又正值黄金周长假的情况下为 G 省（自治区）检验检疫局成功开通了 YYG、PZ、DX 市口岸的视频监控试点项目。设备供货商长泰公司也竭尽全力做好野外复杂环境下的施工。该阶段工程主要实现了以下项目成果：

在 NN 市电信第二枢纽大楼第 25 层布署视频监控平台即全球眼平台，在 PX 市 YYG 口岸、DX 市出入境口岸布署全球眼前端视频采集点各 4 个，在 PZ 天源货场布署全球眼前端视频采集点 8 个，各采集点的视频信号经前端视频服务器的编码后，通过电信运营商的电路传到全球眼平台，由平台对各视频进行控制，达到在各检疫局通过电信运营商的网络进行远程监控。一期工程的技术方案如图6 – 1 所示。

---

① 远程综合视频监控系统（电信业务名称：全球眼）。

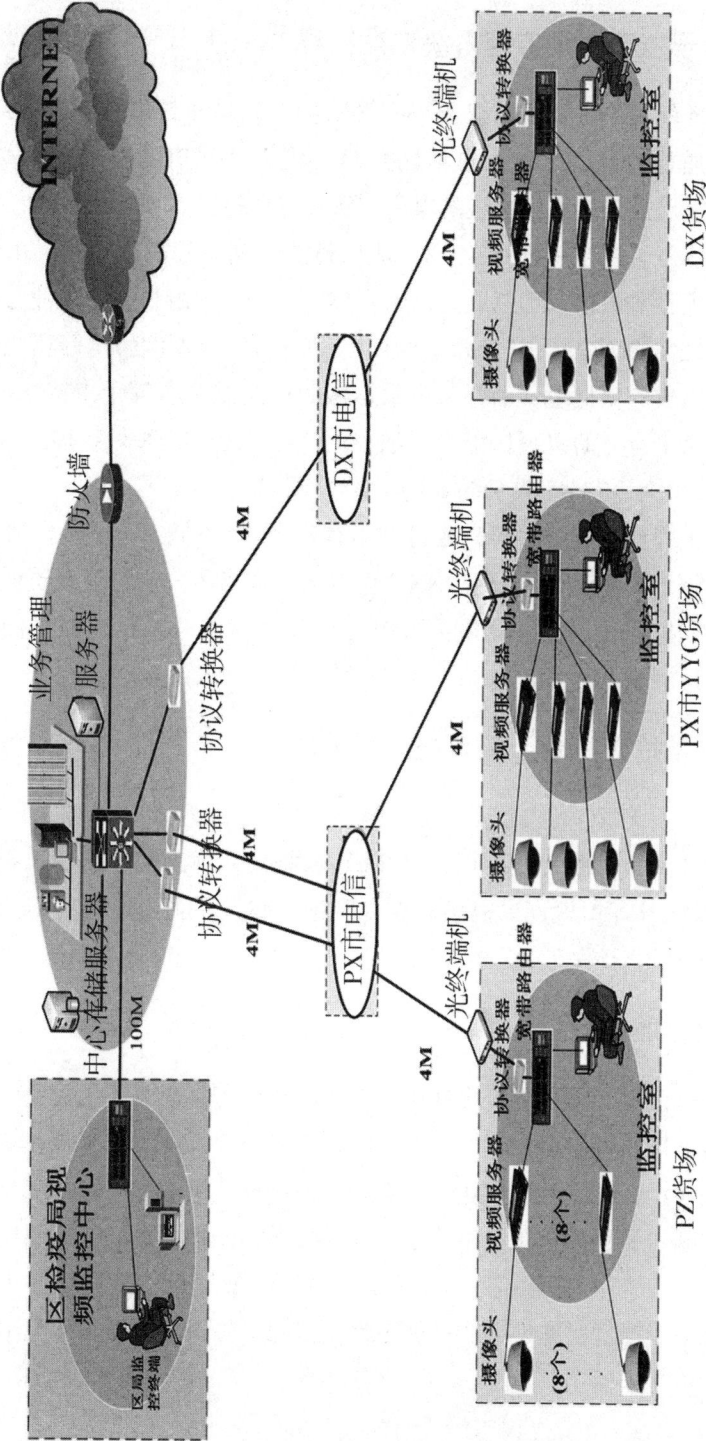

图6-1　DJ项目一期工程技术方案

6.2.3 电子监管视频监控系统二期工程

为服务好相关重要活动配合 G 省（自治区）电子口岸首期应用项目的实施，根据国家质检总局，G 省（自治区）自治区人民政府的要求，G 省（自治区）区检验检疫局需完善原已实施的电子监管视频监控试点项目。

D 通信公司领导和相关部门对 DJ 项目的二期工程高度重视，由省公司副总经理召开项目协调会，迅速成立以大客户部负责人为组长，增值业务部、运行维护部、系统集成分公司、NN 市、BH 市、FCG 市、CZ 市公司等相关单位领导和精干人员组成的项目组（浙江某电信运营商应邀派两名骨干支持），为项目的成功实施提供了有力的组织保障。该项目的二期工程自 2008 年 10 月 15 开始，历时 16 天，10 月 31 日完成全部工程，实现了预期目标。

二期工程按时按质圆满完成得到了国家质检总局和 G 省（自治区）检验检疫局有关领导的高度评价，对中国某电信运营商集团公司与国家质检总局的业务拓展具有积极意义，也为 D 通信公司与 G 省（自治区）检验检疫局的后续合作奠定了良好的基础。

6.2.4 电子监管视频监控系统三期工程

项目三期工程按照 FCG 市大海粮油、BH 市北联水产品加工厂等企业的需求，增加了"全球眼"监控点；对 PX 市检疫局视频监控专网、FCG 市检疫局视频监控专网、DX 市检疫局视频监控专网进行建设，供当地检疫局监控用，三期工程于 11 月 30 日完工。

6.2.5 项目收尾

通过电信运营商与检验检疫局双方的共同努力，在项目供货商、相关协助单位等大力支持和协作下，G 省（自治区）检验检疫局电子监管视频监控业务远程现场实况演示在具体活动中获得圆满成功，获得了相关方的好评和赞扬。项目成功实现了既定的目标，有关相关方对项目合同、技术方案、产品使用进行最后的收尾、移交等工作。D 通信公司项目组对本项目的全部过程进行了书面总结，成为在系统集成项目实施领域的样板工程，得到了集团公司和其他兄弟省区公司的认可。

6.3 项目二期工程阶段的项目治理过程分析

本文选取 DJ 项目的二期工程，应用电信大客户营销项目治理模型对项目治理的过程进行分析，分析过程将围绕模型的关键环节和要素展开。

6.3.1 项目二期工程利益相关方需求识别过程分析

首先对 DJ 项目在本阶段的项目利益相关方进行系统识别，在此基础上挖掘各方期望并归纳各自的需求，形成 DJ 项目二期工程的主要目标。

1. 项目二期工程利益相关方识别

根据第五章中电信大客户营销项目治理模型的实现方法，首先对项目所处的阶段和过程、该阶段和过程中需要完成的活动以及对应的角色进行分类，以系统地识别项目的利益相关方。表6-1 描述了该阶段项目任务的三类活动。

表6-1　DJ 项目二期工程项目活动分类

活动名称	活动内容
规划活动	通过中控矩阵实现系统集成，因此首先要在已有子系统的基础上，建设三个新的子系统，该项目工作主要由 D 通信公司成立的 DJ 项目二期工程项目团队的技术组成员来完成
操作活动	项目团队技术组成员实施项目总体解决方案
维护活动	为了完成上述操作活动，需要得到资金、设备、技术人员、信息等各方面的资源，这些资源大部分需要从项目团队的外部获取

根据表6-1 识别的项目活动，分别将其与完成项目活动的角色进行对应，寻找潜在的项目利益相关方，如表6-2 所示。

表6-2　DJ项目二期工程利益相关方识别分析

角色名称＼活动名称	规划活动	操作活动	维护活动
信息传递者	G省（自治区）检验检疫局 D通信公司 G省（自治区）政府	D通信公司	D通信公司项目组 G省（自治区）检验检疫局
决策者	G省（自治区）区检验检疫局	G省（自治区）检验检疫局	D通信公司项目组 G省（自治区）检验检疫局
影响者	国家质检总局 G省（自治区）政府	G省（自治区）相关地市检疫局项目供货商	相关地市检疫局
实施者	G省（自治区）检验检疫局 D通信公司	项目组	项目供货商 相关地市电信公司
受益者	G省（自治区）检验检疫局 国家质检总局 G省（自治区）政府	D通信公司 G省（自治区）检验检疫局	项目组

2. 项目二期工程利益相关方期望与需求分析

在完成对DJ项目二期工程的利益相关方识别之后，需要对各利益相关方的期望进行挖掘和整理，得到DJ项目二期工程的利益相关方期望如表6-3所示。

表6-3　DJ项目二期工程利益相关方期望层次分析

相关方分类	利益相关方名称	期望层次	期望指标
项目业主 项目客户 项目用户	G省（自治区）检验检疫局	项目成果	某检验检疫合作论坛会场的全区电子监管视频监控指挥与演示
			G省（自治区）检验检疫局视频监控与应急指挥系统
			YYG关口旅客体温监控
			DX市、PX市、FCG市、BH市地区的电子监管视频监控
			NN市国际会展中心展品监管仓实施电子监管视频监控
		项目进度	按照规定的时间收到预算报告
			按照规定的时间验收项目成果
		项目收益	获得国家质检总局的满意
			获得会议论坛出席者的满意
			获得G省（自治区）政府的满意
			获得国家其他参会部门的满意
			提升自身的管理水平
			提升自身的工作效率
项目实施方	D通信公司	项目管理过程	按照进度提交各种报表、项目产品等
			保证项目的产品质量无缺陷
			确保项目费用的合理支出
		项目收益	获得项目利润
			提升公司形象
			获得项目客户和用户的满意
			获得集团公司的满意
项目供货商	长泰公司 迪菱公司 武汉高德公司 浙江南望公司	项目供货	提供质量合格的项目供货
			确保供货的时间
		项目收益	实现经济利益
			提升公司形象
项目用户	BH市北联水产品公司 FCG市大海粮油	项目产品使用	提高公司安全性
			提高产品质量
项目供货商	NN市明园新都酒店 NN市沃顿（国大）酒店	项目供货	按要求提供论坛会场
			实现经济利益
		项目收益	提升酒店形象和知名度

相关方分类	利益相关方名称	期望层次	期望指标
项目用户	出席论坛的国家机关 出席论坛的各国代表	项目产品使用	提高工作效率
		项目收益	学习先进经验
项目客户主管单位	国家质检总局	项目收益	提升质检行业形象
			向其他省份检验检疫系统推广经验
项目实施方主管单位	电信运营商集团公司	项目收益	提升企业形象
			巩固与国家质检总局的关系
			寻求更多的商业机会
项目客户下属单位	DX 市检验检疫局 PX 市检验检疫局 FCG 市检验检疫局 BH 市检验检疫局	完成工作	完成上级安排的工作任务
		项目收益	提高工作效率
			提高管理水平
项目实施方下属单位	NN 市电信运营商 BH 市电信运营商 FCG 市电信运营商 CZ 市电信运营商 G 省（自治区）电信集成运营商 PX 市电信运营商 DX 市电信运营商	完成工作	完成上级安排的工作任务
		项目收益	提升公司形象
			与当地检验检疫部门建立良好的客户关系

根据表 6-3 中所识别的项目利益相关方期望，项目组采用修正的 QFD 质量功能矩阵，首先对项目客户的需求进行了识别和分析，如表 6-4 所示。

表 6-4 项目客户期望和需求的对应关系

客户期望 ＼ 客户需求	红外体温视频监控	实时电子视频监控	组织会议论坛
会场电子监管视频监控指挥与演示	＋＋	＋＋	＋＋＋
全省（自治区）视频监控与应急指挥	＋	＋＋＋	＋
YYG 旅客体温监控	＋＋＋	＋	＋

客户期望 ＼ 客户需求	红外体温视频监控	实时电子视频监控	组织会议论坛
DX 市、PX 市、FCG 市、BH 市地区的视频监控		＋＋＋	＋
NN 市国际会展中心展品监管仓库视频监控		＋＋＋	
按照规定的时间收到预算报告	＋＋	＋＋	＋＋
按照规定的时间验收项目成果	＋＋＋	＋＋＋	＋＋＋
获得国家质检总局的满意	＋＋	＋＋	＋＋
获得会议论坛出席者的满意	＋＋	＋＋	＋＋＋
获得 G 省（自治区）政府的满意	＋＋＋	＋＋＋	＋
获得国家其他参会部门的满意	＋	＋	＋＋
提升自身的管理水平	＋＋＋	＋＋＋	
提升自身的工作效率	＋＋＋	＋＋＋	

符号定义：＋＋＋表示强对应关系　＋＋表示中等对应关系　＋表示弱对应关系①

　　通过项目利益相关方期望和需求的对应关系，对项目客户的需求进行深入的分析和识别②，结果如下。

　　（1）实时电子视频监控。

　　1）NN 市明园新都饭店五号楼二楼多功能厅全区电子监管视频监控指挥与演示；

　　2）G 省（自治区）检验检疫局监控中心（NN 市滨湖路 38 号办公楼二、四楼）对全省电子监管视频监控指挥与演示；

　　3）加强对 YYG 前置货场视频监控，并实现远程管理和控制；

　　4）开通 PX 市检验检疫局视频监控专网与原有"全球眼"平台的专线连接；

　　5）将 DX 市口岸旅客出入境信道试点工程视频信号传入 DX 市检验检疫局视频监控中心并实现远程管理和控制；

---

　　①　此处用不同数量的"＋"代表对应关系的强弱，一方面是为了体现两组指标中不同指标之间关联性的大小，另一方面，考虑到实际项目中的参与方来自不同单位不同行业，认识程度和理解水平不一，关联性的大小难以完全量化，而用简单的符号说明，比较形象，可以一目了然地找出各种关联性，便于实际项目中的管理和实施。

　　②　由于文章篇幅的限制，本文仅选取项目客户的需求进行全面分析，选取项目实施方的需求进行示例。

6）开通 PX 市检验检疫局视频监控专网与原有"全球眼"平台的专线连接；

7）开通 FCG 市大海粮油公司视频监控专网与原有"全球眼"平台的专线连接；

8）开通 FCG 市检验检疫局视频监控专网与原有"全球眼"平台的专线连接；

9）BH 市二家水产品加工厂视频监控专网与原有"全球眼"平台的专线连；接

10）开通 BH 市检验检疫局视频监控专网与原有"全球眼"平台的专线连接；

11）G 省（自治区）检验检疫局 NN 市国际会展中心展品仓进行电子监管视频监控。

（2）红外体温视频监控

1）信号传输纳入实施电子视频监控；

2）PX 市局实时红外监控监控 YYG 口岸人员体温的视频并接收报警信号；

3）DX 市局实时红外监控 DX 市口岸人员体温的视频并接收报警信号；

4）G 省（自治区）检验检疫局实时红外监控 DX 市口岸、YYG 口岸人员体温的视频并接收报警信号。

（3）组织会议论坛

1）演示 G 省（自治区）检验检疫局视频监控与应急指挥；

2）演示 PX 市局 YYG 监控中心视频监控与应急指挥；

3）演示 DX 市局口岸联检楼监控中心视频监控与应急指挥；

4）实现发言人和与会者信息收发的同步传输；

5）演示实时电子监控视频、音频；

6）会场发言同声传译；

7）对会议视频、音频信号进行中控；

8）对实时电子监控视频进行中控；

9）对同声传译进行中控。

采用同样的方法对项目实施方的需求③分析如下：

（1）经济收入

1）直接收入××万元；

---

③ 项目实施方的需求仅作示例，供后续研究使用。

2）间接收益（监控点收益）××万元。

（2）无形资源收入

1）积累系统集成项目经验；

2）提高员工工作水平；

3）提升公司的企业形象。

2. 项目二期工程利益相关方需求的冲突化解

由于工程要求完工的时间紧迫，部分需求难以在短时间内实现，为迎接中国—东盟检验检疫合作论坛会的检阅工作，经过项目实施方与客户方的沟通与协调，初步对双方需求的冲突进行了化解，达成以下协议：本期工程 FCG 市大海粮油、BH 市北联水产品加工厂的"全球眼"监控点定为 2 个，待检阅结束后再按企业的需求增加监控点。经与 G 省（自治区）检验检疫局的相关领导协商，由于 PX 市检疫局视频监控专网、FCG 市检疫局视频监控专网、DX 市检疫局视频监控专网只供当地检疫局监控用，不涉及中国—东盟博览会检阅项目，博览会前暂不对这三个点进行工程施工这三个点的工程完成时间可适当延后，定为 11 月 30 日。

6.3.2 项目二期工程利益相关方角色定义过程分析

按照 5.1 节中的设计过程，首先完成从需求到产品的映像关系，如表 6 - 5 所示。

表 6 - 5　需求和产品的对应关系

项目产品 客户需求	多媒体会议中控系统	视频会议系统	同声传译系统	……
演示 G 省（自治区）检验检疫局视频监控与应急指挥	+ + +	+ +	+	
演示 PX 市局 YYG 监控中心视频监控与应急指挥	+ +	+	+	
演示 DX 市局口岸联检楼监控中心视频监控与应急指挥	+ +	+	+	
实现发言人和与会者信息收发的同步传输	+		+ + +	
演示实时电子监控视频、音频	+ + +			
会场发言同声传译			+ + +	
对会议视频、音频信号进行中控	+ + +	+ +	+ +	

项目产品 客户需求	多媒体会议中控系统	视频会议系统	同声传译系统	………
对实时电子监控视频进行中控	+ + +			
对同声传译进行中控			+ + +	
电信运营商直接收入××万元	+ + +	+	+	
电信运营商间接收益（监控点收益）××万元				
电信运营商积累系统集成项目经验	+ + +	+	+	
提高电信运营商员工能力水平	+ +	+	+	
提升电信方企业形象	+ +	+	+	
（其他需求）				

关系符号： + + +代表强关系 +代表弱关系 + +代表中等

从表6－5的分析中，项目组提出了需要提交的项目产品，并获得电信方和项目客户相关方领导的认可。

（1）远程红外线人体体温监测视频系统

（2）远程综合视频监控系统

（3）远程电视电话视频会议系统

（4）远程多媒体视频中控系统

（5）远程同步同声翻译传输系统

根据项目的产品，结合产品技术，项目组进行了方案的设计，完成了从项目产品到项目技术方案的转变，项目整体解决技术方案和主要产品（全球眼视频监控平台）技术解决方案如图6－2和图6－3所示。

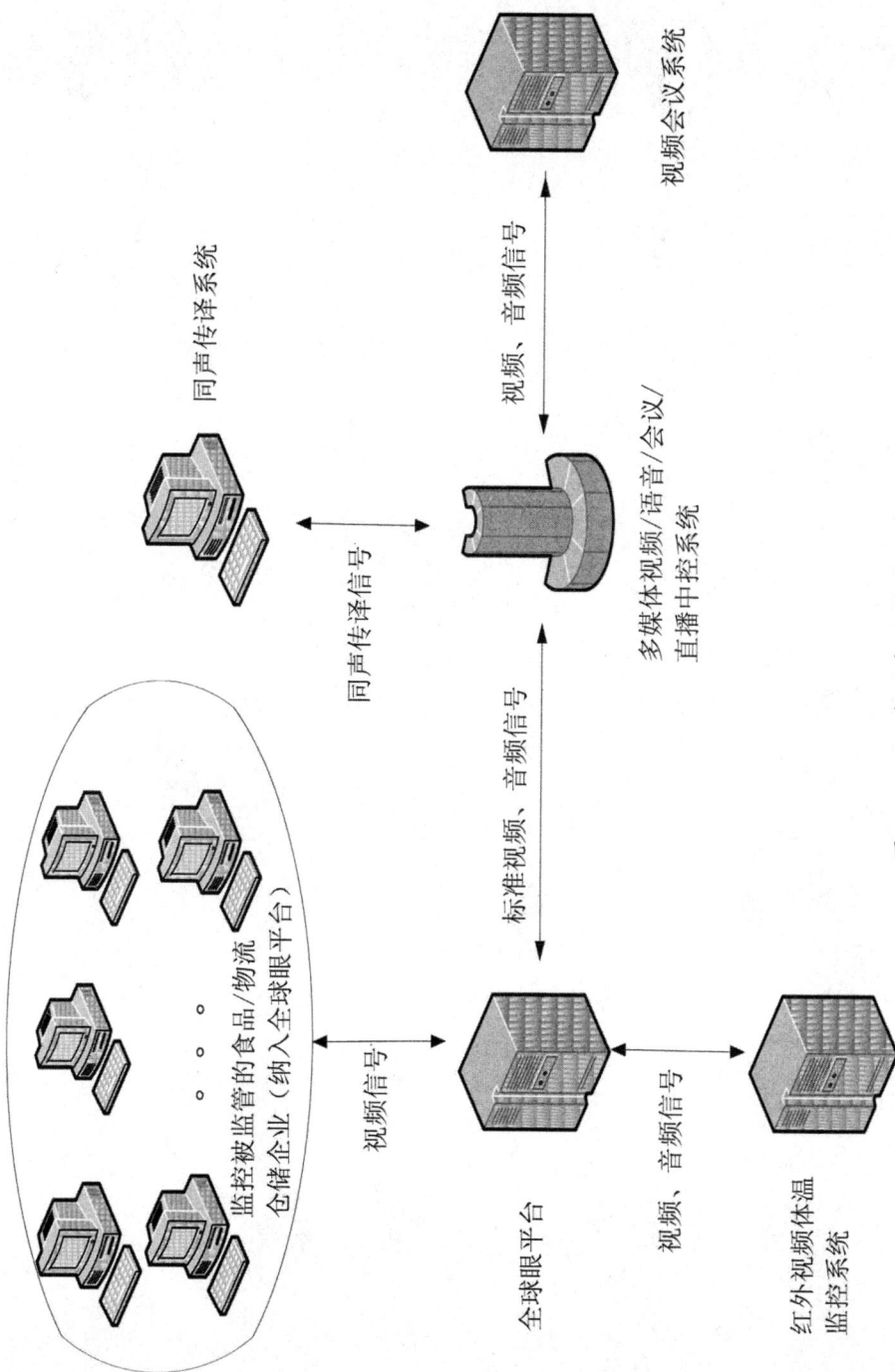

图 6-2　项目整体解决技术方案

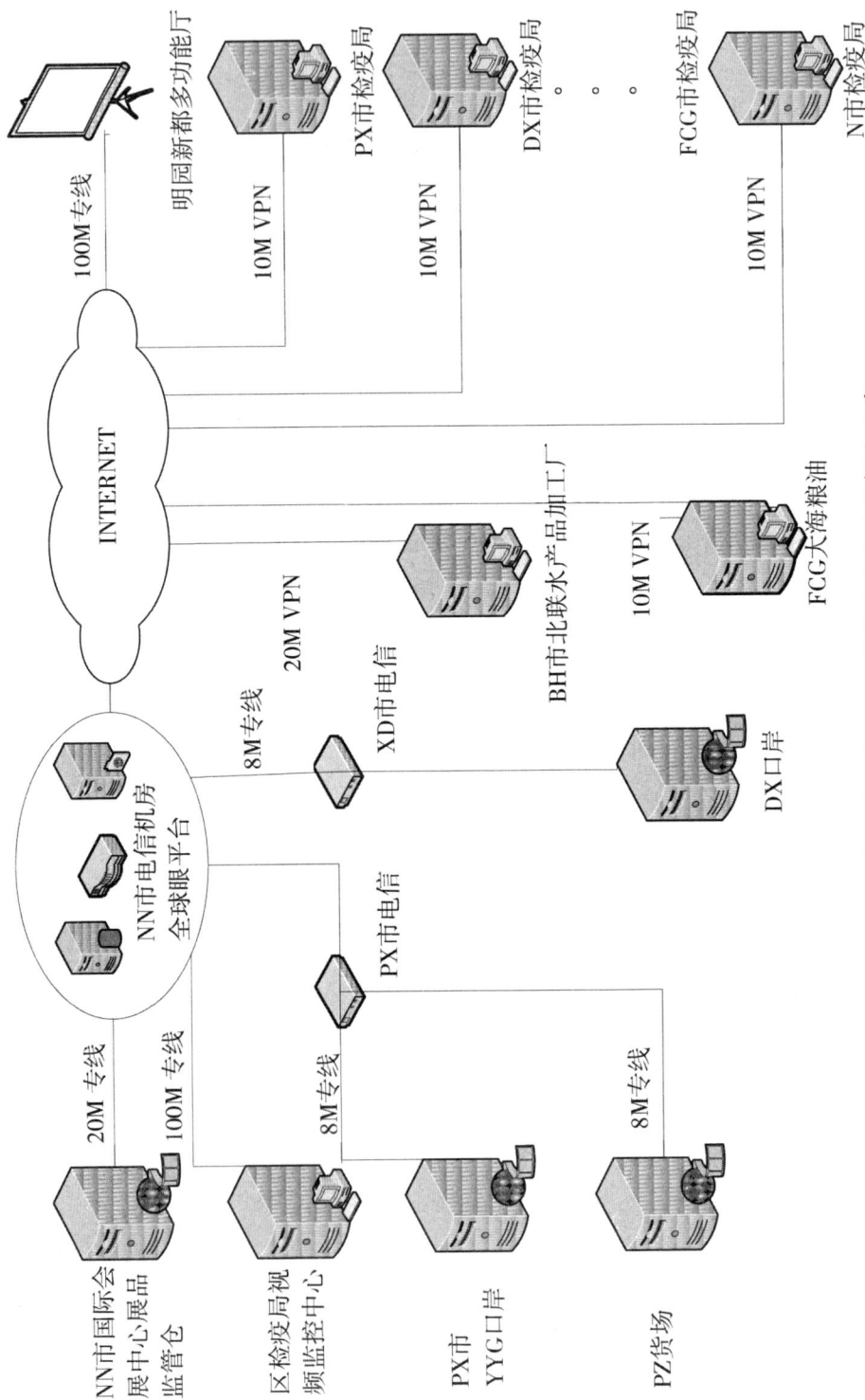

图6-3 主要项目产品（全球眼电子监控平台）技术解决方案

在完成项目整体解决技术方案的设计之后，将方案逐步分解为可以实施的项目活动。项目方案与项目活动的映射关系如表6-6所示。

表6-6 项目方案与项目活动的映射关系（部分）

项目活动＼项目方案	项目组织与协调	技术方案实施	传输电路的开通和保障	施工地点协调组织	现场安装调试	……
将PX市YYG口岸传输容量从4M扩大到8M	+	++	+++	++		
将BH市北联水产品加工厂传输容量从10M扩大到20M	+	++	+++	++		
建设明园新都酒店与全球眼平台的100M传输专线	+++	+++	++	+		
安装中控多媒体会议系统		+		+	+++	
……						

关系符号：＋＋＋代表强关系 ＋代表弱关系 ＋＋代表中等

通过对项目方案与项目活动的映像，完成了对项目活动的定义和设计如表6-7所示。

表6-7 DJ项目二期工程项目活动分类

活动分类	活动内容
方案制定	明确技术需求；
	总体技术方案的制定；
方案实施	总体方案实施控制
	相关场地、相关线路资源建设
	传输电路开通；
	传输电路保障；
	现场施工配合；
	当地施工环境的保障；
	全球眼设备的现场安装调试；
	多媒体会议系统的安装调试；
	红外视频监控系统的安装调试；
	全球眼系统的技术支持。
	新视通系统设备的现场安装调试。
	联调

活动分类	活动内容
方案协调	项目组织、指挥、协调、调度；
	指定地点施工的协调组织工作；
	协调被监管企业安装全球眼设备；

构建项目相关方责任矩阵，如表6－8所示，可以明确各利益相关方的责任。

表6－8 项目利益相关方责任矩阵

活动内容	D通信公司大客户部	D通信公司增值事业部	G省（自治区）检疫局	地市检疫局	长泰公司	……
明确技术需求	协调	负责	审核	审核		
总体技术方案制定		负责			参与	
总体方案实施控制	协调	负责	参与	参与		
相关线路资源建设				负责		
全球眼设备安装调试		审核	批准		负责	
联调	协调	负责	批准	参与	参与	
项目组织与协调	负责	参与				
被监管企业设备安装				协调	负责	
……						

通过项目利益相关方责任矩阵，识别出主要的项目角色责任如下：

（1）大客户部负责项目的组织、指挥、协调、调度。

（2）增值业务部负责总体技术方案的制定、实施。

（3）运维部负责传输电路的开通和保障。

（4）集成分公司负责指定地点施工的协调组织工作。

（5）NN市分公司、FCG市分公司、BH市分公司、CZ市分公司负责当地相关线路资源建设，配合现场施工。

（6）G省（自治区）检验检疫局及直属机构负责提供用户需求，当地施工环境的保障，协调被监管企业安装全球眼设备。

（7）G省（自治区）长泰公司负责全球眼设备的现场安装调试。

（8）迪菱公司负责多媒体会议系统的安装调试。

（9）武汉高德公司负责红外视频监控系统的安装调试。

（10）浙江南望公司负责提供全球眼系统的技术支持。

（11）华为公司协助完成新视通系统设备的现场安装调试。

（12）增值业务部负责联调的总指挥，长泰公司、迪菱公司负责中控联调实施和配合。

6.3.3　项目二期工程的治理风险方案分析

采用本文 6.1 节部分设计的风险识别方法，对相关方承担的风险进行识别。识别过程如表 6 - 9 所示。

表 6 - 9　DJ 项目二期工程风险识别

项目风险 项目活动	项目需求 风险	项目结构 风险	项目合作 风险	主观行 为风险	外部环境 风险
明确技术需求	＋＋＋				
总体技术方案制定	＋＋＋				
总体方案实施控制	＋＋	＋＋	＋＋		＋＋
相关线路资源建设	＋＋＋		＋＋＋		＋
全球眼设备安装调试	＋＋		＋		
联调			＋＋＋		
项目组织与协调					
被监管企业设备安装					＋＋
……					

符号表示：＋＋＋代表强关联关系，＋＋代表关联关系一般，＋代表弱关联关系

本项目所识别的主要风险及风险因素如下：

（1）相关方需求风险

1）演示脚本不断变化；

2）需求不断变化；

3）各系统配置动态变化；

4）现场调整决定；

5）投影仪的流明度；

6）投影幕布尺寸问题；

7）布线走向要求不确定；

（2）项目结构风险

1）时间紧（工期12天），需求变动大，造成项目计划失效；

2）涉及6个市（NN市、BH市、FCG市、CZ市、PX市、DX市）、13个新增监控点（原有17个点也需同时汇聚接入），信息沟通困难；

3）系统集成的接口太多；

（3）项目合作风险

1）需协调的相关方数量多（相关地市检验检疫局、相关地市电信运营商、多个供货商等单位）；

2）国家质检总局会根据视频监控演示在演练中的效果决定是否撤销此项安排；

3）迟迟未签订正式合同；

4）未支付预付款；

5）项目中所需货物绝大部分必须从外地发货，时间紧张；

（4）主观行为风险

1）需将5套完全不同的系统进行集成，电信运营商经验不足；

2）有些技术要求没有时间验证，只能通过现场系统调试和联调情况的状态来判断、决定是增还是减；

3）电信运营商联调经验不足；

（5）外部环境风险

1）被监管企业不配合项目工作；

2）项目客户提出很多目前设备不能实现的功能；

考虑到不同的风险因素发生的可能性、严重程度都不同，结合以往的项目经验和本项目的实际情况，项目组对所识别的风险进行了量化，以便进行更有针对性的管理。如表6－10所示。

表 6-10　DJ 项目二期工程风险量化（部分）

风险编号	风险名称	潜在失效后果	严重度	失效起因	频度	探测度	风险度	风险处置方案/原则
1.1	演示脚本不断变化	影响到联调已取得的成效和今后的成败	8	客户需求不断增加	4	3	96	（1）对 G 省（自治区）检验检疫局明确提出，演示脚本发生变化，至少要给两小时的重新编程和设备调整时间。如果新脚本中有目前设备情况不能实现的功能，予以明确拒绝 （2）对合作厂商严格要求，积极完成由于脚本修改造成的控制程序重新编程和视频设备的调整
1.2	需求不断变化	不断返工	7		3	4	84	（1）由电信运营商牵头与 G 省（自治区）检验检疫局对功能需求进行细化，提出解决方案及设备清单后要求 G 省（自治区）检验检疫局予以确认。 （2）在现场施工做一定的预留量，避免由于需求变化造成全面返工
1.3	各系统配置动态变化	不断调整程序、返工	5		3	2	30	
2.1	时间紧（工期 12 天），需求变动大，造成项目计划失效	不断调整项目计划，无法控制进度	5	保证后期论坛顺利进行	3	4	60	（1）项目组的管理人员就与各方技术人员一起泡在 G 省（自治区）检验检疫局办公现场和施工现场，按项目要求完成时间倒排工作计划表 （2）要求各点负责人每天 22：00 小结，上报进展情况，进度有任何问题必须立刻提出，当天问题当天解决

风险编号	风险名称	潜在失效后果	严重度	失效起因	频度	探测度	风险度	风险处置方案/原则
2.2	涉及6个市（NN市、BH市、GCG市、CZ市、PX市、DX市）、13个新增监控点（原有17个点也需同时汇聚接入），外部环境风险大	影响监控效果	6	有些区域不在检疫局管控范围	3	3	54	
3.1	需协调的相关方数量多（相关地市检验检疫局、相关地市电信运营商、多个供货商等单位）	无法统一工作进度安排	5	各单位不在同一地域，而且有正常业务要开展	2	3	30	各点负责人每天22：00小结，上报进展情况，进度有任何问题必须立刻提出，当天问题当天解决
3.3	国家质检总局可能撤销此项安排	电信方前期投入巨大但没有收益	9	视频监控演示在演练中的效果太差	1	2	18	协调各方围绕电信对业主目标的理解和确保实现的可能性进行运作
3.5	项目中所需货物绝大部分必须从外地发货，时间紧张	无法保证项目实施进度	8	专业设备必须从外地购买	3	3	72	连夜发货或派专人专车赶送现场
4.1	需将5套完全不同的系统进行集成，电信方经验不足	系统不能协调运行	9	之前没有承担过类似项目	4	1	36	调动各方优势资源进入项目组，保证各系统都有精通的技术人员
5.2	项目客户提出很多目前设备不能实现的功能	干扰正常项目实施	7	客户期望过于理想	4	4	112	由于时间所限，拒绝业主提出的超出我方能力或系统能力可实现功能范围的要求，避免最后阶段画蛇添足，前功尽弃

6.3.4 项目二期工程利益相关方关系建立过程分析

在风险以及风险处置方案进行充分沟通的基础上，项目的利益相关方对项目的进度、产品和风险处置基本达成了共识，各方都承担起各自的责任和义务，确保项目能够顺利完成。主要的利益相关方在项目中的合作关系如图6-4所示。

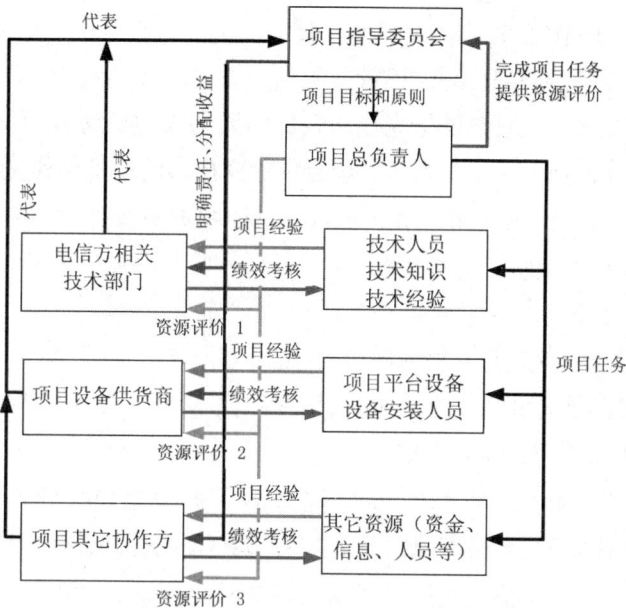

图6-4 DJ项目二期工程项目治理过程中的契约关系

图6-4中的箭线表示了不同的项目利益相关方之间应当形成的契约关系，各相关方的组成及其在项目实施过程中应遵守的契约如下：

（1）项目指导委员会：由G省（自治区）区检验检疫局相关领导、D通信公司相关领导、项目其他利益相关方的代表组成，承担了项目联合治理委员会的责任。具体职责如下：

1）制定项目的目标和原则；

2）审核并批准项目方案；

3）划分项目利益相关方的责任和收益；

4）重大项目问题变更的评审和批准；

5）项目冲突的处理与化解。

（2）项目总负责人：由 D 通信公司大客户部负责人担任，统一指挥领导项目的实施、进行项目协调以及日常项目事务的处理。具体职责如下：

1）按照项目目标和原则制定项目计划；

2）按照项目计划分解项目任务；

3）按照项目任务落实完成项目的资源；

4）按照对项目资源的绩效进行考核并回馈给资源的归属单位（部门）；

5）日常项目问题、冲突的处理；

6）重大项目问题、冲突的初审和上报；

7）交付项目成果、报告资源绩效。

（3）项目资源：项目资源指完成项目所需要的人力资源、知识资源、设备、信息等，包括 D 通信公司技术人员、项目供货商提供的设备及其安装人员、项目其他利益相关方提供的信息和协作人员等。具体职责如下：

1）接受项目总负责人的指挥领导；

2）按照项目计划完成分配的任务；

3）在项目中积累经验，提炼项目知识；

4）将项目的经验和知识带回所属部门；

5）接受所属部门的绩效考核。

（4）资源提供部门：资源提供部门根据项目指导委员会的要求，提供能够胜任项目或完成项目的合格资源，并根据来自项目的资源使用绩效来对资源进行绩效评价与考核。该类部门包括 D 通信公司增值业务部、运维部、集成公司、相关地市电信运营商提供的技术人员和设备（计算机等）、项目平台所需设备的供货商等。具体职责如下：

1）派出代表参与项目指导委员会；

2）提供项目资源；

3）对本单位（部门）派出的资源进行绩效考核。

通过建立稳定的相关方关系，DJ 项目二期工程中的相关单位和人员以完成项目为目标，尽职尽责，避免了相互推卸责任的情况发生，遇到项目问题时能够及时沟通、相互尊重，为赢得项目的最终成功提供有力地环境和支持。

6.4 项目二期工程阶段的项目治理效果分析

6.4.1 项目目标的实现情况

按照项目客户的要求,在 10 月 30 日之前基本完成各项设备的安装调试和线路的布置,并进行联调测试。项目在预定的时间内交付了高质量的产品和服务,实现了预定的项目目标。在某检验检疫合作论坛上,通过中控矩阵实现全球眼视频监控系统系统、红外体温视频监控系统、新视通视频会议系统、多媒体会议系统、同声传译系统这五个系统的汇聚融合,向 10 国官员展示中国检验检疫电子监控和信息化应用成果。

6.4.2 项目利益相关方需求满足和满意度分析

1. 某论坛业务演示效果获得国际赞誉

某检验检疫合作论坛业务演示获得了圆满成功,赢得各国官员交口称赞。充分体现了高科技在中国检验检疫中的高水平应用。

2. 赢得国家质检总局的高度赞扬

在论坛筹备工作后期,国家质检总局局长和信息中心相关负责人亲自到现场调查指导工作,D 通信公司领导和大客户部负责人汇报了进展情况,得到了相关领导的认可和赞扬。

会议结束后,国家质检总局时任主管副局长带领国家质检总局相关司局、G 省(自治区)检验检疫局领导到主会场现场机房与值守操作的每一位工作人员亲切握手,对会议实况演示的成功表示热烈祝贺,对每一位工作人员辛勤劳动表示感谢,并在论坛现场与全体现场值守保障人员合影留念。

3. 某电信运营商集团公司的满意度分析

为加快推进电子监管视频监控应用在全国范围的推广,2006 年 8 月 21 日集团公司大客户事业部联合国家质检总局在浙江宁波召开了"加快推进检验检疫系统电子监管视频监控应用经验交流现场会"。集团公司要求 D 通信公司派代表进行电子监管视频监控应用建设和推广方面的经验交流,充分体现了集团公司对本项目的认可和满意。

4. G省（自治区）政府满意度分析

通过项目的成功实施和论坛的成功举行，充分贯彻了G省（自治区）政府关于2006年全区重点专项工作之一——"G省（自治区）电子口岸建设"的战略方针，提升了G省（自治区）和NN市对外开放建设的良好形象，为后续的对外交流合作奠定了基础。

5. G省（自治区）检验检疫局满意度分析

通过系统的成功上线运行，G省（自治区）检验检疫局大幅度提高了工作效率，实现了监管监控科学化和系统化，提升了检验检疫的工作水平。由于成功承办了首届中国—东盟检验检疫合作论坛，国家质检总局对其工作成绩予以充分认可，并将其先进经验在全国推广。

6. D通信公司的满意度分析

通过项目的实施，D通信公司积累了丰富的项目经验，获得了可观的项目直接收益和后期间接收益，将此项目的实施过程完整记录，作为示范工程，在全区各地市电信运营商进行推广、学习和交流。

7. 项目供货商满意度分析

通过该项目，长泰公司等供货商不仅可以得到经济收益，而且还积累和丰富了项目经验。通过参与该项目，极大地提升了几家公司的企业形象，为他们宣传企业、宣传产品提供的成功的项目案例。

6.4.3 项目的后期收益分析

在项目实施阶段，某电信运营商集团公司当时正在与国家质检总局谈全面合作事宜。国家质检总局打电话要求集团公司对本项目给予重视和支持，集团公司2006年10月28日来电要求全力保障此项目成功。论坛项目的成功举办，对集团公司与国家质检总局的业务拓展具有积极意义。

项目结束后，G省（自治区）检验检疫局来电要求提供建设会议电话系统的解决方案，准备建设专网。

此外，该项目的成功实施，使G省（自治区）电信运营商积累了丰富的系统集成项目经验，弥补了之前在该领域缺乏理论与集成规范指导和经验不足的状况，由于市场竞争激烈化程度的加剧，电信运营商由原来的提供单一电路或宽带服务向提供系统集成等一体化综合信息服务转变的趋势正在加快步伐，该项目成为 G 省（自治区）公司系统集成项目领域的示范工程，提升了企业形象，为后续项目的承接和完成提供了良好的平台。

该系统经过两年多的可靠运行，完全达到了项目需求的使用要求。2008 年 7 月 16 日，G 省（自治区）检验检疫局再次与某电信运营商 G 省（自治区）公司就有关检验检疫电子监管视频监控业务合作，以及为第五届中国—东盟博览会提供优质高效的检验检疫把关与服务等进行了会谈。双方一致商定，采用该电信运营商的"全球眼"等信息化技术，建设检验检疫电子监管视频监控系统，强化检验检疫的把关和服务职能，推进 G 省（自治区）检验检疫局以创新模式实现"提速、减负、增效、严密监管"的大通关目标。双方决定进一步扩大 G 省（自治区）辖区出入境口岸、机场、码头、监管仓库、旅检信道等特殊监管区域以及重点敏感商品生产企业的电子监管视频监控系统建设，进一步完善 G 省（自治区）检验检疫局视频监控指挥中心和相关地市分中心的建设。双方议定，在第五届"中国—东盟博览会"上，联合设置 G 省（自治区）检验检疫电子监管视频监控系统平台，展现双方合作的新亮点。

6.5 项目总结

在项目相关方领导的高度重视下，项目实施方确定了"吃透需求、根据能力、确保时限和实现"的基本项目原则，项目的相关单位和人员齐心协力、团结合作，各方人员发扬一丝不苟的敬业精神和吃苦耐劳、连续作战的团队精神，实现了能力、技能、知识的互补，成功地完成了项目。项目的成功取决于以下几个主要方面：

1. 识别项目的利益相关方，把握关键人

本项目在全面识别项目利益相关方的基础上，对其中的关键人物进行跟踪服务。

2. 全面识别需求并化解冲突

由于项目客户的期望和需求并不明确，为避免项目的返工，项目组引导客户描述需求并进行了整理，对需求的冲突进行了合理的化解，一方面将某些需求放在后续项目阶段实现，另一方面为了保证整个项目的顺利进行和成果交付，对客户提出的无法实现的需求进行妥善处理，通过沟通协调让客户接受。因为不切实际追求完美效果往往难以实现，因此，有效把控，围绕现实给定和可能实现的条件，达成预定目标，在运作过程中始终在项目管理人员脑海中警示。

3. 帮助项目客户识别并固化需求

由于本项目属于应急工程，涉及系统和功能要求多、动态变化，G省（自治区）检验检疫局没有提供具体的书面需求，电信运营商只能通过双方每次会议会谈记录，以会议纪要形式加以固化留证。

4. 明确各利益相关方的角色和责任，避免相互推诿的现象发生

通过对项目角色和责任的定义，使项目利益相关方明确了他们需要为本项目投入的时间、资源和精力，定义了各相关方之间的工作协作关系，确保做到"事事有人管、人人都管事、组织有保障"。尤其是在D通信公司内部，本项目充分调动各方优势资源进入项目组，共同讨论指定切实可行的系统融合方案，并形成管理（或研发）能力、专业知识、人的性格互补，在项目运作的不同阶段（或全过程）发挥其特长，组成项目运作的攻击团队去实现战役目标（郑植，2007）。由于业务和部门的融合使得电信运营商的资源和整体优势得到了发挥，加大了业务开发的空间和速度，使得各项业务资源要素得到了合理配置（郑植，2004）。

5. 对项目风险进行充分的识别和处理

虽然电信运营商实施系统集成项目的经验缺乏，然而凭借以往与政企客户协作和类似项目的管理经验，项目实施方对项目风险进行了充分的识别，基于"减少风险，而不是让其他相关方承担风险"的原则，对各项所识别的风险安排妥善的处理方案并在实施过程中进行监控。

6. 建立稳定的相关方关系

由于电信大客户营销项目的特殊性，在项目结束之后的后期运营维护阶段，项目的各利益相关方之间仍存在大量的合作和协调工作，同时也会带来可观的经济收益，各相关方参与项目，旨在建立长期稳定的合作关系，这也是实现各利益相关方组织各自战略目标的重要手段。

综上所述，本项目充分证明了信息化应用中，信息技术是重要因素，但是信息化应用项目的成功与否，信息技术本身并不是唯一的决定因素，重要的是关键在于信息技术的应用能否正确把握应用目的和应用需求，并有效地组织适合的IT专家、整合各种资源来解决公司的技术问题，实现公司和业主的目标。鉴于当前越来越多的项目由聚焦于企业内部的运作管理和协调向多家合作方围绕电信运营商和客户（业主）目标的实现进行组织、管理、同步协同和运作转变，该项目成为运营商对转型业务运作管理模式的一次有益探索。

第 7 章　结论与展望

本章在对研究过程和结论进行总结、梳理基础上，提出了电信大客户营销项目的各级责任单位（责任人）进行项目治理的政策或对策。同时，对本研究的创新点进行了归纳，对本研究的局限和不足进行了说明，并对后续研究进行了展望。

7.1 研究过程

1. 文献分析过程

本书首先以"大客户""大客户营销""营销项目""项目治理"等为关键词，通过中国硕博士论文数据库、中文科技期刊全文数据库等媒介，对有关项目管理、项目治理、大客户营销和电信产品营销的相关文献进行了检索。在查阅基于电信大客户营销项目治理方式研究理论大量中外文文献的基础上，通过浏览文献的篇名、目次、摘要、引言、结论以至正文，对文献内容作调查，对调查所得的情况作分析判断，形成主题概念：即当前项目管理和大客户营销的理论方法不足以解决电信大客户营销项目中出现的问题，有必要从治理的层面进行研究，因此，笔者在前人有关项目治理研究的基础上，找准本研究的切入视角及拟解决的主要问题，建立理论分析框架与研究模型。根据前人已取得的研究成果，在逻辑推理与理论分析相结合的基础上，并结合电信大客户营销项目的实践案例分析，提出相关假说。

2. 假设提出过程

本书是以中国通信运营业某电信运营商 G 省公司大客户营销实践来定位电信大客户营销项目领域中存在的主要问题，作为本书的研究基础，这也是本书的假设的基础。本书基于对项目管理、项目治理和公司治理的研究，基于角色过程视角的项目治理研究，在丁荣贵教授有关"项目治理过程的 $P-R^4$ 模型"基础上，提出本书的假设：即电信大客户营销项目治理的方式可以用一个统一的过程表示，尽管每个电信大客户营销项目是不同的，但是每个项目的治理过程是统一的。因此，可以寻找一个基于不同项目的统一过程，这是本研究的价值所在。在这个统一的过程中，有四个关键的环节，也是四个项目关键成功领域：

（1）电信大客户营销项目利益相关方需求的识别。电信大客户营销项目的治理过程从对项目利益相关方的识别及其需求识别开始，项目利益相关方参与项目的最终目的是要获得收益、满足需求。项目的目标也是在综合了项目利益相关方需求的基础上制定的。只有目标实现了，各相关方的需求才能够得到满足。因此，电信大客户营销项目利益相关方的需求识别是项目治理的首要环节。

（2）电信大客户营销项目治理角色的定义。电信大客户营销项目的利益相关方获得收益必须以自身对项目和其他相关方做出贡献为基础，也就是说每个相关方都必须为项目提供资源（包括财务资源、人力资源、设备和材料资源等）。由于每个相关方对项目贡献的资源和责任不同，因此也就存在角色的划分，这种角色的划分是以需求为基础的。

（3）电信大客户营销项目治理角色风险的处置。项目利益相关方参与项目扮演角色的过程并不是完全可靠的，由于经济利益或客观因素的影响，特别是业主应用需求的不断变化，使得项目中利益相关方的角色难以明确，这会影响到各角色的责任划分或无法明确，这种角色不明、责任不清的状态会给各角色在参与项目的同时也带来了潜在的风险。项目治理的最终目的是要消除这种风险。

（4）电信大客户营销项目利益相关方关系的建立。建立可靠的相关方关系，就是为了消除利益相关方在扮演角色过程中所可能发生的风险。这种关系对项目的利益相关方是一种约束，使相关方在其参与项目的周期中尽到责任、信守承诺、实践承诺。

3. 假设模型的设计过程

本书中假设模型的设计，是在基于角色过程视角的项目治理理论研究基础上进行的深化和发展。根据对项目治理理论研究和电信大客户营销项目的管理状况，笔者对原有的项目治理模型进行了修正，从项目利益相关方的需求入手进行分析。此外，本书对有关项目成功要素的研究进行了总结，提炼了理论研究领域和现实中关于项目成功要素的一致认识，分析了项目成功要素所归属的不同层面（项目内部的管理、技术、组织层面的管理等），将与项目利益相关方有关的组织内外部因素进行了归纳整理，并将这些因素较好地反映到假设模型的不同环节中，为假设模型提供了理论和文献支撑。

4. 假设模型的验证过程

在对假设模型进行了设计之后，本书选用结构方程模型的方法和工具对模型进行了检验。采用结构方程模型统计方法的原因是：在社会、心理、市场、管理等研究的资料分析中，这种方法可以最大程度地避免主观因素的影响，克服了原有的回归分析、因子分析和聚类分析的不足；可以对本书预先设计的假设模型的合理性和稳定性进行验证。通过调查问卷的设计、样本选择、问卷发放与回收，统计分析等环节，证明了假设模型中各个环节和要素的逻辑关系是合理的。此外，通过测量项目的绩效状况，建立了假设模型中各个环节（关键成功领域）对项目绩效的正向影响关系，并验证了这种关系的可靠性。

5. 案例研究过程

本书选用了某一电信大客户营销项目作为案例进行了研究，分析了电信大客户营销项目治理的过程模型在项目中的应用过程；通过对模型各要素在某一具体项目中的应用分析，说明该模型具有较强的可操作性。

7.2 研究结论

随着经济全球化进程的进一步加快和电信市场竞争的加剧，科技和管理创新已经成为企业发展的战略选择和立足之本，电信运营商的大客户营销项目成为该类企业实施战略的重要载体，而该类项目同时与不同的大客户业主合作完成也成为一种趋势。随着近年来互联网和宽带业务快速发展和普及，以及电信大客户对信息化的应用需求迅猛增长，各电信运营商将越来越多的资源和资金投入到了作为企业重要经济来源的大客户营销项目上。为此，对于电信大客户营销项目的治理研究就显得非常迫切，而国内外相关的研究还基本处于空白阶段。因此，本书的研究内容无论在理论方面还是在电信大客户营销项目治理实践方面都具有较大的现实意义。本文的研究内容及结论主要集中在以下五个方面。

（1）通过对项目治理研究及电信大客户营销项目研究状况进行分析，指出了电信大客户营销项目管理研究存在的问题，然后从项目治理的角度对该类项目的管理问题进行了研究，这种研究视角和内容能够填补当前电信大客户营销战略研究和运营商的项目团队的空白，为现有的营销战略到具体可操作层面的项目管理方法的过渡提供有效的整合平台，弥补了从战略到执行的结构缺失。

（2）电信大客户营销项目的治理方式可以通过一个基于统一分析过程的项目治理模型得到。尽管项目是不同的，但项目治理方式可以通过统一的分析过程得到。在对前人研究成果进行分析的基础上，本书提炼出了电信大客户营销项目成功的关键因素，即：项目利益相关方的需求、项目治理角色、项目角色风险、项目治理角色关系。通过对这四方面因素之间的关系研究，本书提出了项目治理的统一分析过程模型，从而可帮助电信大客户营销项目利益相关方针对不同项目特点来确定可操作的、有效的项目治理方式。通过研究上述四个方面对项目绩效的正向影响，验证了假设模型在项目治理领域的有效性和合理性。这种研究思路和方法不仅突破了项目管理、多项目管理研究范围的局限性，也突破了现有的项目治理研究中以公司治理为参照系、以治理结构为出发点的研究方式，使得以统一的分析方式应对个性化的项目变得可行，从而解决了项目特殊性与政策普遍性之间的矛盾，使电信大客户营销项目相关治理政策和对策研究更具有可行性。

（3）对电信大客户营销项目治理统一分析过程模型进行了实证研究，表明了理论研究所归纳的四个基本治理要素是符合事实的，四个要素均对项目的成功（项目绩效）具有显著的正向影响，要素间的逻辑关系也是成立的，从而为得到项目治理方式奠定了基础。

（4）由于电信大客户营销项目治理统一分析过程各要素的落实还需要经过一些具体的步骤和方法，因此这些步骤的实现过程成为模型能否指导实践的重要问题。本书对模型实现过程和方法进行了研究，表明了模型是可以实现的。

（5）将理论研究成果与实际工作相结合，以某省电信运营商大客户营销项目作为案例进行研究，通过使用项目治理模型进行分析，证明了模型的实践应用效果。

7.3 相关政策和对策建议

通过对以上研究过程的总结和结论，本书分别从电信大客户（项目业主）、承担电信大客户营销项目的电信运营商、项目团队和其他利益相关方四个层面，提出项目治理与项目管理的政策、对策与建议。

7.3.1 对电信大客户进行项目治理的政策建议

电信大客户主要来自于党、政、军和大中型企事业等单位，该类项目一般为通信或集成项目（特别是 IT/ICT 项目），这些大客户对其项目要求往往是项目产品的性能高、产品服务质量稳定，而且工期紧迫。因此，该类项目一定要实现确保可持续运营管理和安全通畅的目标，这也是该类项目治理需要完成的主要任务。对此，电信大客户相关主管部门和该类项目的负责人要注意以下几个方面的问题。

1. 对项目的需求进行清晰的定义

该需求不仅包括当前阶段的需求，而且要考虑后期运营维护的可行性和后续项目的可管理、可延展、可扩充性。电信大客户营销项目不同于一般意义上的项目，该类项目的成功实施，仅仅是项目双方合作的开始。所以，在项目实施初期定义需求的时候要结合业主和本企业的战略目标和长期规划。

2. 客户方项目参与人员要对需求的层次进行优先级和权重的划分

作为项目团队成员，特别是技术人员的设计思想一定要理清项目所必须达到或确保的带宽或基本功能，要区分哪些是可以取舍的，业务要实现的是确保项目的成功，过多地增添不必要的功能，特别是花哨的功能，可能会给日后系统的稳定和安全运行增加隐患，必须认识到锦上添花之时，往往也孕育了画蛇添足的因素或风险。

3. 清晰地定义自身的项目角色

电信大客户营销项目技术含量高、规模大，仅仅依靠电信运营商项目实施团队的力量是不够的，因此客户和项目实施团队也不是委托代理的关系，而是通力合作、共同参与的合作伙伴关系。这就要求客户代表及其他利益相关方人员要与乙方项目团队形成一个整体，明确分工、严密配合，在需求的描述、相关资源的支持、参与会议评审、项目产品实施中的环境保障等方面为项目提供必要的帮助。

4. 电信大客户项目参与成员在项目运作的过程中，一定要把上述思想向上级主管阐明，上级主管的认同和支持是项目成功的一半

政企类大客户上级主管也是电信大客户营销项目重要的利益相关方，然而由于上级主管工作繁忙，不可能完全在项目一线指导参与工作，这就要求电信大客户的项目成员做好沟通和信息管理工作，在必要的时机向上级领导通报必要的项目信息，一方面，使他们及时了解项目进展，保证项目的实施不偏离上级主管的意图，另一方面，由于客户代表的权力有限，因此在遇到困难的时候，上级主管可以提供必要的支持和帮助。

5. 电信大客户相关部门应加强对于电信企业项目治理能力的评价

随着中国越来越多的政府部门和企业已经大力实施、推进信息化应用将 IT/ICT 等非核心业务外包出去，但在选择外包公司方面，还缺乏系统的评价标准。经过多年来的转型实践，在承接 IT/ICT 应用开发和外包服务方面，在项团队人员素质及稳定性、公司规模及资质、成功案例及信誉、研发和外包业务发展战略及措施、服务总体成本及控制方法等方面，不同的电信运营商呈现出不同的竞争能力，电信大客户也逐渐形成比较客观的评价标准。然而，在当前电信大客户各级部门对电信大客户营销项目的评审中，主要是对于技术方案和保障条件的评审，很少对项目治理能力进行评审。虽然对于电信大客户营销项目来说技术能力和方案是非常重要的因素，但能有效调动协调内部资源和关系的项目管理能力，以及有效协调调度各企业资源和关系的项目治理能力正变得越来越重要。尤其是随着电信大客户营销项目的规模增大和综合应用复杂性提高，各利益相关方之间的协调尤为重要。因此，电信大客户相关部门在加强对电信运营商项目治理能力评价中应该做好以下工作：（1）在项目初期对电信运营商能够有效组织项目资源完成项目任务的能力进行评价；（2）在项目实施过程中划分重大节点，基于这些重大节点对电信运营商完成项目任务的情况（费用、工期和质量等指针）进行考核；（3）在项目完成后，对电信运营商完成项目的情况进行全面的总结和后评估，对电信运营商在完成项目过程中的治理能力进行综合评价，为单位内部后续项目选择理想的、治理水平高的电信运营商提供依据和标准。

7.3.2 对电信运营商进行项目治理的对策建议

电信运营商作为承担电信大客户营销项目的责任单位，除了对技术能力进行保障之外，还必须保证良好的项目治理和项目管理水平。随着系统设备的成熟度和系统集成的水平提高，在电信大客户项目中，技术因素影响项目成败的可能性并不大，然而如何有效地识别和管理客户需求、如何能够调动项目各利益相关方的资源保证他们能够为项目做出承诺和支持正逐渐成为电信大客户营销项目中的关键成功因素。因此，对电信运营商进行项目治理的相关建议如下。

1. 按照电信大客户的要求和企业自身发展需要，在项目实践中实现项目治理能力的持续改进

为了在获取电信大客户营销项目竞争中获得优势，同时提高自身可靠的项目完成能力，电信运营商高层管理者要把提高企业项目治理能力作为自己的使命，主动承担起项目治理负责人的角色。同一般项目治理研究者所认为的应将项目经理作为治理者的观点不同，本研究认为通常项目经理是无法发挥项目治理负责人的作用的，除非其本身也是企业的高层主管。因为一般的项目经理无法有效地调动电信运营商的资源和协调电信运营商内部各部门的活动，更不具有协调其他利益相关合作方企业行为的影响力。因此，电信运营商的高层领导应尽到亲自推动项目治理工作的责任。

2. 帮助项目的利益相关方（尤其是电信大客户）分析、理解并固化项目需求

根据项目治理统一分析过程模型，项目利益相关方的需求分析是开展项目治理的首要环节，针对电信运营商，大客户的利益相关方和项目团队成员，一定要理解、吃透客户的应用目的和业务要求（特别是 IT \ ICT 项目），并且以一定形式进行书面文字固化，确保需求的变更在可控的环境下进行。

3. 严格定义项目团队成员（特别是技术出身的主管或高管）的角色范围和工作关系

电信运营商内部技术出身的主管和高层管理人员（业主单位内部也时常会遇到此类人员情况），很容易凭自己的兴趣不顾项目投资、应用的基本需求和时限而进行"完美"的追求，最后造成项目的可靠性、安全性、可管理性、稳定性、时效性大打折扣，最终给项目交付应用造成先天的隐患。项目治理的目的之一就是严格定义各相关方（包括项目团队内部成员）的需求、角色和责任，防止出现人为、随意地更改项目产品（服务）等情况，通过定义各角色的责任和角色之间的工作关系，避免项目风险出现，确保项目目标的实现。

4. 要充分挖掘客户对项目的潜在期望和需求

为了确保客户应用的成熟度，项目的设计思想应该满足"傻瓜"客户的要求，即应用项目需求与功能的研发完成是否适用、实用、好用、通用的标准或依据，由客户（具体使用部门和使用者）评判，而不是由电信技术高管（也应包括业主和相关方的技术主管）凭"自我偏好""自以为是"地来决定。通俗地说，通信运营商给客户量体定制的传统业务与信息化应用（OA/IT/ICT）相结合的一体化方案实施得成功与否，是否适用、实用、好用、通用的评判标准，应由最终应用客户（领导、部门应用管理人员）来评判。技术官员或技术专家唯专业化的设计追求。看起来非常专业化，但是，唯专业化而不是从方便"傻瓜客户"使用的产品/业务或系统，交付后还需要专业的操作技术和人员，由于业主

客户缺少相关技术专业人员和缺乏专业技术，使得运营维护出现困难，这往往是给业主客户应用和运营商维护服务留下烦恼的开始。因此，电信运营商 IT/ICT/OA 等信息化大客户营销项目在获得项目订单后，在组织相关方为大客户提供技术方案与系统选择、开发需求和功能设计时，务必换位思考，站在方便业主客户使用和维护运行的角度，提供方便"傻瓜客户"使用和维护运行的解决方案和服务。同时，要对客户的长期业务需求和潜在的期望进行挖掘，为后期的实施和维护工作提供方向和便利。

5. 项目集成、采购等外包工作需要对供货商的技术水准和治理能力进行综合评估

项目的供货商除具备较高的技术水准和过硬的产品质量之外，还应该具有较高的项目治理成熟度水平。因为提高项目治理成熟度不是一个企业的事情，是所有项目承担者都一起努力提高各自管理成熟度并提高合作程序的规范性和目标一致性，这样整体的治理成熟度才可以提高。因此，电信运营商企业要想提高项目的治理成熟度即项目交付成功率，在选择合作伙伴时就不仅要考虑彼此对电信大客户营销项目实施的资源互补性，还必须考虑对方的项目管理与治理水平。

7.3.3 电信大客户营销项目团队开展项目治理的对策建议

1. 对运营商的项目团队进行培训

对电信运营商项目管理团队成员，除了必须领会运营商项目治理的要求以外，应当在项目启动前展开有针对性的项目管理和项目治理的知识方法培训和发展。培训和发展关注团队成员的关键技能培训并为其提供相关的发展机会。培训和发展的目标包括：（1）识别团队成员完成任务所需要的关键技能，制订发展团队成员关键技能的培训计划并提供培训机会；（2）对团队成员进行项目治理思想和流程培训，使其在工作中能够自觉实践，通过其与利益相关方接触提高治理效果。

2. 对业主和利益相关方成员的培训

对业主和利益相关方的项目团队成员，项目管理团队也应当对他们提供相应的培训或数据，以利于双方的沟通和对可能产生问题处理方法形成共识。

3. 对项目团队充分授权

授权是指项目团队在管理和完成其工作方面有很大的自治权，通常暗指一个项目团队甚至个人负责一个"全面的流程"。适当的授权使项目团队和个人在授

权过程中得到多样化技能的培训，有利于提高团队成员个体的工作满意度，增强他们的责任感和组织的归属感。授权包括把工作结果的责任和权力交给工作团队或个人，授权在管理中应作为一个整体而不是作为一个个体，授权流程的目标是给予个人或项目团队以责任和权力，使其决定如何最有效地进行经营活动。这样可以充分发挥个人的创造力，为创立最优行为创造条件。但要注意的是授权不是完全放任，而是在既有的流程和规范下适度发挥。

4. 加强项目团队沟通达成共赢

电信运营商项目团队成员，还应当收集了解各利益相关方项目团队成员的能力、性格、专业知识和偏好等背景，这有利于各相关方团队成员间的了解，知己知彼，建立互信；这是各利益相关方之间项目团队成员文化包容、相融的基础；这有利于项目的顺利展开，或化解遇到的问题、困难、矛盾。电信运营商可以在项目建设过程中，一方面通过项目的系统（或平台）、软件设计，嵌入到对方的技术管理和应用管理过程中；另一方面通过技术管理和应用管理的嵌入向组织管理、流程管理、业务管理方向深入。进而，在这一过程中向组织的文化嵌入。项目实践表明项目利益相关方和各利益相关方项目组成员之间文化的相融和融合，直至相互嵌入，对克服项目进行中的困难并获得成功，具有特别重要的现实意义。在许多项目中，影响项目顺利进行的各种因素，往往并不是纯技术的因素或合同条款等因素造成的，而是由于各利益相关方项目组成员之间的习惯、文化的差异过大而形成摩擦，引起双方的矛盾，从一些小的技术问题或对合同条款的认知差异而造成的（从理论上假设，当项目各方对出现的问题和争议，如果各相关方人员均拿着合同条款来进行翻阅时，事实上该项目已经陷入沼泽了，有的甚至是预示项目失败的黑暗已快降临。在实践上也是这么证明的）。因此，非经济或非合同条款因素的管理嵌入、文化嵌入对项目的成功也是非常重要的因素，这一点需要在今后重视嵌入这方面学科的学术研究和创新。

最后，特别需要说明的是，在项目治理实践过程中，在大客户项目相关方有时会遇到这种情况，大客户项目中的个别主管利用领导的信任以及对项目的关心，以"技术"为借口或以"专家"为评判标准等名义进行蛊惑、折腾，以达到搅和视听，从中渔利的目的，特别是在 ICT、OA、电子政务类大客户项目中。对此，必须向大客户项目相关方高层领导说明并努力避免、清除这种现象。对于 ICT、OA、电子政务类大客户项目而言，评判的标准依然是：系统功能开发是否成功，关键在于是否适用、实用、好用、通用，评判应当由应用部门和应用者

（包括应用领导）决定，而不是由"技术工程师""专家"或技术专家出身的长官来评判。

7.3.4 电信大客户营销项目的其他利益相关方开展项目治理的对策建议

电信大客户营销项目治理是对所有项目的利益相关方的管理。因此，除了电信大客户、电信运营商、项目团队之外，其他利益相关方（如参与项目的设备供货商、系统集成商和软件研发提供商等）在参与项目治理的过程中也应该注意以下问题。

1. 清晰地表达各方对项目的需求并进行充分地沟通

各利益相关方需要通过项目实现收益，因此在参与项目的初期就需要明确各自的责权利关系，避免后期相互推诿和扯皮现象的发生。

2. 要及时了解项目的进展信息

不管项目的相关方在项目的地位和作用如何，共同的资源承诺是完成项目的前提和保障。及时关注项目的绩效信息，才能使投入项目的资源得到充分的整合和利用。

3. 要致力于建立稳定的战略合作伙伴关系

虽然大客户的营销项目也具有一次性的特点，但是，一个项目的完成不是业务或合作的结束，而是运营和合作的新起点。考虑到电信大客户营销项目的特点，在后期产品（系统等）使用和运营维护或升级阶段，甚至是项目业主或电信运营商的其他项目中，各相关方还有很多合作机会和空间。因此，建立长期、稳定的战略合作伙伴关系，不仅是各相关方决胜现实，也是着眼未来共赢的需要。

7.4 研究贡献

1. 基于项目治理的视角对电信大客户营销进行研究

从搜集到的文献资料来看，大客户营销方面的课题研究论文相对较多，但多数是以营销战略与策略的宏观研究为主，主要是通过与企业战略结合运用营销理论找出大客户营销中存在的问题并提出应对策略，并不是直接作用于大客户营销项目管理实践，除此之外，也有将大客户营销作为项目并运用项目管理理论进行研究的论文，但几乎都是将一般项目管理流程进行简单裁剪，冠以几个大客户营销方面的专业名词而已，没有就大客户营销项目特点进行深入分析研究。更重要的是，受到项目管理的局限，只能从项目经理的角度、层次处理问题。而本书则是立足于大客户营销项目利益相关方，从更高的角度协调利益相关方关系，调动各方资源，为实现项目目标服务，因此，从研究角度方面讲，本书首次基于项目实现对大客户营销进行了研究。同时，对大客户营销项目特点进行挖掘也是一种创新。

2. 提炼并验证了电信大客户营销项目治理的统一过程模型

在目前项目治理理论的研究中，大多是直接提出项目治理结构模型，然后围绕治理结构构建项目治理体系，没有对得到项目治理结构模型的过程进行分析、研究，致使整个研究缺乏实践操作性。更重要的是，没有认识到项目环境的动态性，根本不存在一个静态的、不变的治理结构。本文以丁荣贵教授提出的"项目治理过程的 $P-R^4$ 模型"为基础，针对电信大客户营销项目特点，通过问卷调查、统计检验与聚类分析等方法，应用结构方程模型进行分析验证，建立适合电信大客户营销项目特点的"电信大客户营销项目治理 $P-R^4$ 修正模型"，为大客户营销项目建立全生命周期利益相关方及相关方需求的识别技术，为识别项目利益相关方角色提供支持。除此之外，本书还针对项目治理风险，讨论建立利益相关方角色关系的过程，说明什么样的关系是稳定的、有效的，具有什么样的影响因素，为项目实践提供指导。因此，从研究内容方面讲，本书的贡献在于提炼并验证了电信大客户营销项目治理的统一过程模型，可以用来指导不同的项目进行治理。

3. 理论和实践运用方面的贡献

"电信大客户营销项目治理 $P-R^4$ 修正模型"的提出具有现实的理论意义，丰富了基于角色过程的项目治理理论。本书在对丁荣贵教授提出的"项目治理过程的 $P-R^4$ 模型"进行检验和修正的基础上，以电信运营商 G 省分公司大客户营销项目实践为资料来源，提出电信大客户营销项目利益相关方角色关系的建立方式和途径。项目治理过程的 $P-R^4$ 模型虽然是前人提出的，但在通信运营业大客户营销项目治理研究中属首次修正和创新应用，并且，目前还没有运用项目治理理论系统地进行实证研究的论文。因此，本书在理论和实践运用方面具有创新性贡献。

7.5 研究局限与展望

7.5.1 研究局限

项目治理理论的提出与研究尚处起步发展阶段，在电信运营业中的应用研究还有待新的突破。本书虽然对电信大客户营销项目治理理论和应用进行了研究，但由于该课题内容十分广泛和复杂。本研究仅仅是一个开端，还存在着许多局限，主要体现在以下几个方面：

（1）样本数量的限制。本研究选取了中国通信运营业某电信运营商 G 省大客户营销项目的 196 个样本进行研究，研究结论的可靠性在一定程度上受到了样本数量限制的影响。

（2）模型实践应用的限制。尽管本书已经对模型在具体项目案例中的过程进行了研究，然而项目治理是为项目管理提供可靠的管理环境，是建立在规范、科学的项目管理基础之上的，但是，当前中国通信运营业的企业管理和项目管理水平还有待进一步提高，近五年来，项目治理理论已经很多论文，但是涉及到电信行业的文章依然未查到。这使得本研究成果在行业实践应用中的效果会受到一定程度的制约。

（3）学术研究环境的限制。笔者主要从事企业经营管理工作，学术研究的深度受自身条件和环境局限的影响，这在一定程度上会制约理论研究的学术水平。

鉴于以上局限和不足，还有许多问题有待进一步深入研究。具体而言，有以下二个方面：

（1）需要对迭代模型进行进一步的论证。本书是在文献分析的基础上提出相关假设并构建模型，在模型的验证过程中，由于时间和精力及能力所限，采集的样本数量相对有限，因此，对模型的有效性应该在更广泛的范围内进行深入研究。

（2）对"电信大客户营销项目治理 $P-R^4$ 修正模型"的各个步骤的实现过程和分析方法有待更深入的研究和验证。其中，如何构建项目治理角色关系、角色风险识别技术、如何有效规避或降低角色风险都有待于日后进一步补充完善。

7.5.2 展望

鉴于以上局限和不足，还有许多问题有待进一步深入研究。具体而言，有以下四个方面：

（1）需要对迭代模型进行进一步的论证。本文是在文献分析的基础上提出相关假设并构建模型，在模型的验证过程中，由于时间和精力及能力所限，采集的样本数量相对有限，因此，对模型的有效性应该在更广泛的范围内进行深入研究。

（2）对"电信大客户营销项目治理 $P-R^4$ 修正模型"的各个步骤的实现过程和分析方法有待更深入的研究和验证。其中，如何构建项目治理角色关系、角色风险识别技术、如何有效规避或降低角色风险都有待于日后进一步补充完善。

（3）电信大客户营销项目治理理论的完善与促进对相关领域的研究具有重要参考价值，不仅对于项目治理相关研究具有重要的理论意义，而且对于电信大客户营销项目管理与治理，具有现实的指导意义，具有长期的研究价值和广阔的探索空间，希望专家学者和同行今后有机会对上述研究做进一步探讨。

（4）由于笔者从事的经营营销管理岗位随着企业管理的需要而调整至安全管理（安全生产、消防安全、通信保卫、信息安全、防范通信网络诈骗犯罪）领域，笔者依然坚持运用项目思维和治理理论来进行研究，思考如何改进安全领域管理工作中的短板，因为通过持续的学习与研究使笔者深感管理学理论与方法在企业管理应用中是互通的，项目管理与治理理论不仅适用于大客户营销项目，其管理与治理方式同样适用于安全管理领域，并取得了一定的研究成果。基于学术和责任自觉，笔者将在新的安全工作领域坚持继续项目管理与治理思维理论和应用方面的研究。

关于电信大客户营销项目治理关键
成功因素的调查问卷

尊敬的女士/先生：

您好！感谢您配合调查。您看到的这份问卷试图探索电信大客户营销项目治理的关键成功因素。问卷纯为学术研究之用，无其他任何目的，研究结果不反映您、企业和项目的具体信息，并将严格保密，因此您无需有任何顾虑。回答没有对错之分。您的参与对我们的研究至关重要，衷心感谢您的支持！如果您愿意分享我们的成果，请在此留下您的 Email _____，我们将奉上最终研究结果。

第一部分：基本信息

填写说明：请选中相应的选项或在横线上填入适当的信息。

项目名称：_____	项目负责人：_____
项目开始时间：_____	项目结束时间：_____
项目结束状态：A. 项目按时、按预算完成，实现了所有的系统特性和系统功能 B. 项目超期或超预算完成，部分系统特性、系统功能未能实现 C. 项目被取消	

1. 您曾经在该项目中的角色：A. 项目客户　B. 项目团队（项目经理）
C. 项目供货商　D. 项目分包商　E. 其他角色，请填写_____

2. 您目前工作所在的城市：_____

3. 您拥有____年从事电信大客户营销项目的经验。

第二部分：项目关键成功因素

为了让您对我们本次调查的内容有更深一步的了解，请您仔细阅读以下引导语。

项目的关键成功因素是指为了确保项目成功而必须满足的少数关键领域。来自项目组外部的因素在很大程度上（会）对项目产生影响。以下陈述均为对电信大客户营销项目可能的关键成功影响因素的描述，问卷采用 5 分制来衡量您的认同程度。若您认为该陈述在您的项目中"执行很差"，请选择"1"；若您认为该陈述在您的项目中"执行很好"，请选择"5"；其余类推。另外，如您对该陈述的重要性"不了解"，请选择"0"。请您根据亲身的经验和感受，针对每个陈述选择相应的数字。

1. 以下的关键成功因素从项目利益相关方的需求视角展开。项目利益相关方，也简称为项目相关方，是指向项目投入资源以获得收益或者受项目影响的人或组织。现代项目管理的理论与实践普遍认为，项目利益相关方对项目成败的影响意义重大，对项目利益相关方的识别、需求挖掘、需求冲突的化解等要素，是项目利益相关方管理的重要内容。

关键成功因素	执行很差————〉执行很好					不了解
在项目生命周期的不同阶段都要全面地识别项目的利益相关方	1	2	3	4	5	0
在对项目利益相关方进行识别后需要调查利益相关方对项目的期望	1	2	3	4	5	0
根据项目利益相关方对项目的期望识别他们对项目需求	1	2	3	4	5	0
利益相关方的需求与期望符合实际，合理性得到论证	1	2	3	4	5	0
项目目标是在综合各利益相关方的需求并消除需求冲突的基础上制定的	1	2	3	4	5	0
对利益相关方各项需求进行重要程度排序	1	2	3	4	5	0

关键成功因素	执行很差————〉执行很好					不了解
在项目实施中需要继续识别相关方的需求的变化	1	2	3	4	5	0
确保相关方的需求在一段时间内稳定不变	1	2	3	4	5	0

2. 项目的成功不仅取决于一个好的项目团队和出色的项目经理，而且离不开单位领导、单位外部的材料供货商、项目业主、承包商等的支持。以下问题从项目管理的环境和角色视角提取项目治理的关键成功因素。

关键成功因素	执行很差————〉执行很好					不了解
对每一项项目工作定义完成标准	1	2	3	4	5	0
明确了项目利益相关方各自承担的项目任务	1	2	3	4	5	0
根据不同的项目相关方承担的项目工作定义他们何时、以及需要得到哪些相关信息	1	2	3	4	5	0
根据不同的项目相关方承担的项目工作定义他们应该何时、向谁提供相关信息	1	2	3	4	5	0
项目的利益相关方能够在项目遇到困难的时候对项目提供必要的帮助	1	2	3	4	5	0
项目的利益相关方对项目所需的资源能够充分支持和满足	1	2	3	4	5	0

3. 在不同的项目利益相关方扮演不同项目角色的过程中，由于相关方的能力、信用、对项目重视程度等方面的差异，给项目带来了风险和不确定性，以下内容从项目治理的风险视角探求项目治理的关键成功因素。

关键成功因素	执行很差————〉执行很好					不了解
识别由于利益相关方的能力、态度、信用等带来的项目风险	1	2	3	4	5	0
对所识别项目风险，分析其产生的原因和来源	1	2	3	4	5	0
针对项目风险的来源制定化解风险的措施	1	2	3	4	5	0

续表

关键成功因素	执行很差—————〉执行很好					不了解
具有合理的风险分担机制，各相关方需要承担与收益对等的责任	1	2	3	4	5	0
在项目生命周期内实施周期性的风险评估和控制	1	2	3	4	5	0

4. 项目的成功不仅依赖于清晰的责任和权力划分，更重要的是通过建立稳定的关系和管理机制来保证项目的利益相关方能够认可并接受这种责任和权利划分，使项目与各个利益相关方、各利益相关方之间建立稳定的关系网。以下问题从项目利益相关方的关系视角提取项目治理的关键成功因素。

关键成功因素	执行很差—————〉执行很好					不了解
明确了项目利益相关方之间的相互协作关系	1	2	3	4	5	0
赋予相关方充分的权力使其能够独立开展工作	1	2	3	4	5	0
相关方能够对其应承担的责任和义务做出承诺	1	2	3	4	5	0
同时参与多个项目的相关方需要为本项目投入足够的时间和资源	1	2	3	4	5	0
需要一个临时项目领导小组对多方（多个组织）参与的项目进行协调	1	2	3	4	5	0
需要一个临时项目领导小组对相关方的实际投入进行监督	1	2	3	4	5	0
项目相关方能够对收到的项目信息做出及时回馈	1	2	3	4	5	0
建立有效的沟通管道（包括沟通工具、沟通时机和频率、沟通格式以及沟通形式）以减少相关方对信息理解的偏差	1	2	3	4	5	0

本问卷到此结束，请您检查一下是否有遗漏之处。

再次感谢您的大力支持与及合作！

参考文献

一、中文部分

[1] Harold Kerzner，张培华译：《项目管理的战略规划——项目管理成熟度模型的应用》，北京：电子工业出版社，2001 年。

[2] Iain Aitken，陈文广译：《价值驱动的 IT 管理：IT 部门的商业化》，北京：清华大学出版社，2006 年。

[3] Ivar Jacobson 著，Stefan Bylund 改编，程宾等译：《统一软件开发过程之路》，北京：机械工业出版社，2003 年。

[4] Lynda Bourne，余晖译：《提升 PMO 的绩效》，载《项目管理技术》，2006 年第 5 期，第 15 - 20 页。

[5] Nicholas G. Car，曾剑秋译：《冷眼看 IT：信息技术竞争优势的丧失》，北京：商务印书馆，2005 年。

[6] OGC，薛岩、欧立雄译：《PRINCE2——成功的项目管理》，北京：机械工业出版社，2005 年。

[7] Peter Weill，Jeanne W. Ross，杨波译：《IT 治理——一流绩效企业的 IT 治理之道》，北京：商务印书馆，2005 年。

[8] Rodney Turner：《项目型组织中的治理》，载《项目管理技术》，2005 年第 5 期，第 63 - 65 页。

[9] Rodney Turner：《运营控制与项目治理》，载《项目管理技术》，2005 年第 8 期，第 59 - 61 页。

[10] Rodney Turner，戚安邦等译：《项目的组织与人力资源管理》，天津：南开大学出版社，2005 年。

[11] 丁兴良：《大客户销售策略与项目管理》，北京：机械工业出版社，2007 年。

[12] 丁荣贵、张体勤：《项目组织的驱动机制研究》，载《东岳论丛》，

2004 年第 25 (3) 期，第 183 - 188 页。

［13］丁荣贵：《项目管理：项目思维与管理关键》，北京：机械工业出版社，2004 年。

［14］丁荣贵：《项目治理——老板们的项目管理》，载《项目管理技术》，2006 年第 7 期，第 69 - 71 页。

［15］丁荣贵：《项目治理的基本思想》，载《项目管理技术》，2007 年第 1 期，第 72 - 75 页。

［16］丁荣贵：《基于企业风险管理系统的项目责任制》，载《项目管理技术》，2007 年第 3 期，第 73 - 76 页。

［17］丁荣贵：《项目利益相关方及其需求的识别》，载《项目管理技术》，2008 年第 1 期，第 73 - 76 页。

［18］于莲：《企业营销活动的项目化管理》，载《财经界》，2006 年第七期下半月，第 87 - 88 页。

［19］中国项目管理研究委员会，C - PMBOK - C - NCB：《中国项目管理知识体系与国际项目管理专业资质认证标准》，机械工业出版社出版，2003 年。

［20］王玉林：《工程项目治理研究》，郑州：郑州大学学位论文，2005 年。

［21］王华、尹贻林：《基于委托 - 代理的工程项目治理结构及其优化》，载《中国软科学》，2004 年第 11 期，第 93 - 96 页。

［22］王知群：《组织的项目管理成熟度的发展和应用》，载《项目管理技术》，2004 年第 4 期，第 36 - 38 页。

［23］王美清、唐晓青：《产品设计种的用户需求与产品质量特征映像方法研究》，载《机械工程学报》，2004 年第 5 (40) 期，第 136 - 140 页。

［24］王瑞梅、赵燕平：《运用项目管理实现"概念"营销》，载《中国工商》，2002 年第 10 期，第 40 - 42 页。

［25］王赫、黎建强：《谈以顾客需求为导向的新服务开发》，载《商业时代》，2007 年第 21 期，第 13 - 14 页。

［26］白思俊：《项目管理为企业带来的管理变革》，载《项目管理技术》，2004 期第 3 期，第 5 - 7 页。

［27］卢毅：《项目利益相关者分析的"四步法"》，载《项目管理技术》，2006 年第 11 期，第 54 - 57 页。

［28］刘丹：《企业市场营销活动的项目化管理》，载《武汉科技大学学报（社会科学版）》，2003 年第 5(3) 期，第 24 - 27 页。

[29] 刘清华：《企业网络中关系性交易治理机制及其影响研究》，浙江大学博士论文，2003 年。

[30] 汤伟刚、严玲、尹贻林：《公共项目交易中的治理模式研究》，《财经问题研究》，2006 年第 272（7）期，第 71 - 77 页。

[31] 严玲、尹贻林、范道津：《公共项目治理理论概念模型的建立》，载《中国软科学》，2004 年第 6 期，第 130 - 135 页。

[32] 严玲、赵黎明：《论项目治理理论体系的构建》，载《上海经济研究》，2005 年第 11 期，第 104 - 110 页。

[33] 张体勤、丁荣贵：《契约式项目组织》，载《北京大学学报（哲学与社会科学版）》，2001 年第 6 期，第 94 - 100 页。

[34] 张良桥：《进化博弈：理论与方法》，载《顺德职业技术学院学报》，2007 年第 5（3）期，第 37 - 42 页。

[35] 张艳红：《大客户，让我们亲密无间——谈大客户营销战略》，载《粮油加工》，2007 年第 1 期，第 22 - 23 页。

[36] 张梦中：《案例研究方法论》，载《中国行政管理》，2002 年第 1 期，第 43 - 46 页。

[37] 李长征、孙强：《PRINCE2 项目管理方法》，载《中国计算机用户》，2003 年第 38 期，第 40 - 41 页。

[38] 李业、吴溢恩：《项目化管理在营销中的应用》，载《商场现代化》，2007 年第 4 期，第 152 - 152 页。

[39] 李桂丛、刘志强、李淑慧：《项目管理、方案营销的实践与启示》，载《中国邮政》，2003 年第 6 期，第 12 - 13 页。

[40] 李焕荣、马存先：《组织间关系的进化过程及其策略研究》，载《科技进步与对策》，2007 年第 24（1）期，第 10 - 13 页。

[41] 杜春荣、王要武：《建设项目管理能力配置研究》，载《哈尔滨建筑大学学报》，2002 年第 35（5）期，第 109 - 111 页。

[42] 谷秀洁、苟欢迎、赵冰等：《图书馆项目化管理成熟度评价——以佛山市图书馆为例》，载《图书馆论坛》，2017 年第 37（2）期，第 68 - 74 页。

[43] 杨飞雪、汪海舰、尹贻林：《项目治理结构初探》，载《中国软科学》，2004 年第 3 期，第 80 - 84 页。

[44] 陈长兵：《我国核电工程项目治理结构的经济学分析》，载《中国核工业》，2006 年第 74（10）期，第 36 - 38 页。

[45] 麦可姆·麦克唐纳、贝斯·罗杰斯著，徐家勇、文武、鲁珞霞译：《大客户管理》，北京：企业管理出版社，2002年。

[46] 易锦、刘传锋、罗会明：《汽车品牌营销中的项目管理》，载《汽车工业研究》，第8期，2005年，第34-36页。

[47] 李文茜、刘益：《国外大客户管理研究新进展探析》，载《外国经济与管理》，2014年，第36（7）期，第53-62页。

[48] 蔡淑琴、喻友平、周雨华、梁凯春、汤云飞：《客户关系管理中的大客户描述与识别》，载《管理评论》，2004年第2期，第49-53页。

[49] 张春雷、陈俊彬：《电信运营企业大客户管理的策略研究》，载《电信建设》，2005年，第3期，第44-46页。

[50] 高年：《探讨电信大客户营销管理》，载《科学技术创新》，2012年第22期，第81页。

[51] 丁训军：《中国电信大客户关系营销探讨》，载《现代商业》，2010年第5期，第143-144页。

[52] 欧晓华、王慧：《企业市场营销活动的项目化管理研究》，载《管理工程学报》，2005年第19期，第135-137页。

[53] 郑植、袁文亮、肖俊聪：《对发展现代远程教育事业的运营实践与思考》，载《开创新世纪的通信技术——第七届全国青年通信学术会议论文集》，北京：电子工业出版社，2001年，第162-169页。

[54] 郑植、黄辉等：《对宾馆酒店代办电信业务商业模式转型创新的探索与实践》，载《电信决策研究动态》，2007年第2期，第28-31页。

[55] 郑植：《发展电信增值业务的实践和思考》，载《中国数据通信》，2004年第6（6）期，第55-56页。

[56] 郑植：《电信增值业务的运营实践与思考》，载《信息网络》，2004年第7期，第9-12页。

[57] 郑植：《对电信增值业务项目投资及运营管理的探索与思考》，载《电信决策研究动态》，2006年第2期，第3-9页。

[58] 郑植：《广西宾馆酒店代办电信业务商业模式》，载《通信企业管理》，2007年第8期，第56-57页。

[59] 郑植：《对电信项目营销管理人力资源配置的研究与思考》，载《电信决策研究动态》，2007年第4期，第8-12页。

[60] 侯灵明：《企业项目管理体系标准模型研究》，载《项目管理技术》，

2004 年第 3 期，第 17－22 页。

[61] 温忠麟、侯杰泰：《隐变量交互效应分析方法的比较与评价》，载《数理统计与管理》，2004 年第 3 期，第 37－42 页。

[62] 柳思维、尹元元：《厂商应从"营销战略"高度处理好与大客户的关系》，载《湖南商学院学报》，2005 年第 12（1）期，第 46－48 页。

[63] 赵龙：《浅谈电信运营企业的大客户管理》，载《电信决策研究动态》，2005 年第 2 期，第 44－48 页。

[64] 徐纲红：《信息用户服务质量——层次性期望与满足》，载《图书馆杂志》，2004 年第 23（1）期，第 33－36 页。

[65] 徐绪松、曹平：《项目管理知识体系的比较分析》，载《南开商业评论》，2004 年第 7（4）期，第 83－87 页。

[66] 桂维民：《基于战略视角的企业项目管理模式研究》，载《中国软科学》，2004 年第 5 期，第 78－81 页。

[67] 戚安邦、盛峰：《面向不确定性的项目风险管理方法研究》，载《理论探讨》，2008 年第 12（2）期，第 70－73 页。

[68] 戚安邦：《项目管理学》，天津：南开大学出版社，2003 年。

[69] 菅利荣、刘思峰：《项目管理能力体系建设的研究》，载《工业技术经济》，2006 年第 25（9）期，第 108－111 页。

[70] 黄孚佑：《试论"代建制"与"投资项目治理"》，载《中国招标》，2006 年第 21 期，第 19－23 页。

[71] 张宁、丁荣贵：《基于项目治理统一框架的风险评价研究——以产学研合作项目为例》，载《科技进步与对策》，2014 年第 4 期，第 84－88 页。

[72] 程铁信：《项目管理发展评述》，载《管理评论》，2004 年第 16（2）期，第 59－62 页。

[73] 葛宝山、贾宝强、张红：《基于项目管理视角的营销管理创新》，载《管理百科》，2005 年第 3 期，第 23－28 页。

[74] 葛宝山：《基于环境信息的企业全面项目化管理模式研究》，载《情报科学》，2003 年第 21（8）期，第 796－798 页。

[75] 董方兴、董致富：《项目管理在市场营销中的应用研究》，载《商场现代化》，2006 年第 478 期，第 62－63 页。

[76] 韩梅琳、郑建国：《供应链上下游企业间协作风险分析及评估》，载《商业研究》，2007 年第 10 期，第 57－62 页。

[77] 韩巍、席酉民：《关系：中国商业活动的基本模式探讨》，载《西北大学学报（哲学社会科学版）》，2001 年第 31（1）期，第 43－47 页。

[78] 蔚林巍：《项目化的管理与项目组合管理》，载《项目管理技术》，2004 年第 1 期，第 1－5 页。

[79] 蔚林巍：《项目化的管理与项目组合管理》，载《项目管理技术》，2004 年第 1 期，第 1－5 页。

[80] 张艳红：《大客户，让我们亲密无间——谈大客户营销战略》，载《粮油加工》，2007 年第 1 期，第 22－23 页。

[81] 张俊娟、赵栓亮：《邮政现代物流大客户营销方案的策划》，载《现代邮政》，2006 年第 6 期，第 46－48 页。

[82] 丁兴良：《丁兴良大客户营销专栏》，载《机电信息》，2006 年第 11 期，第 9 页。

[83] 吴秋华：《大客户营销在报刊发行中的应用》，载《中国报业》，2006 年第 5 期，第 71－73 页。

[84] 张秋艳：《电信运营商大客户营销策略》，载《通信管理与技术》，2006 年第 1 期，第 12－14 页。

[85] 陈东明、杨伟贤：《广梅汕铁路实施大客户营销战略的探讨》，载《铁道货运》，2006 年第 2 期，第 31－33 页。

[86] 陈群：《电力大客户营销管理初探》，载《供用电》，2006 年第 23（1）期，第 67－70 页。

[87] 陈东明、黄由衡、杨伟贤：《合资铁路实施大客户营销战略的探讨》，载《铁道运输与经济》，2006 年第 28（2）期，第 42－43 页。

[88]《四川电信第二届"超越杯"大客户营销大赛圆满结束》，载《通信与信息技术》，2005 年第 5 期，第 8－9 页。

[89] 孟齐、江凡：《做好大客户营销》，载《销售与市场：中国商贸》，2005 年第 12 期，第 62－64 页。

[90] 王俊、张潇丹：《以大客户营销创新带动企业转型》，载《当代通信》，2005 年第 16 期，第 45－46 页。

[91] 刘雄孝：《大客户营销的四大误区》，载《兽药市场指南》，2005 年第 8 期，第 63 页。

[92] 苏奕智：《小技巧搞定"巨无霸"——大客户营销的"取巧制胜"实战纪录》，载《销售与市场：中国商贸》，2005 年第 6 期，第 56－58 页。

［93］吴祖讲：《大客户营销战略的实践与思考》，载《邮政研究》，2005 年第 21（3）期，第 18 - 19 页。

［94］倪秀恒、陈振兵：《大客户营销制胜之道》，载《企业技术开发》，2005 年第 24（5）期．第 57 - 59 页。

［95］邹卫兵、万水庭等：《大城市行大客户营销大有作为——对武汉市大型公司客户市场情况的调查》，载《湖北农村金融研究》，2005 年第 3 期，第 10 - 12 页。

［96］翟冰：《大客户营销始于市场寻觅》，载《中国邮政》，2005 年第 4 期，第 22 - 23 页。

［97］徐华春、范战胜：《实施项目带动战略、强化大客户营销工作——驻马店市局实施项目带动战略加快业务发展纪实》，载《现代邮政》，2005 年第 2 期，第 31 页。

［98］杨太泉、魏琴：《电信运营商大客户营销策略研究》，载《现代通信》，2005 年第 1 期，第 16 - 18 页。

［99］翟冰：《服务接口明确助力大客户营销》，载《中国邮政》，2005 年第 1 期，第 26 - 27 页。

［100］储建刚：《浅析实施电力大客户营销策略》，载《科技和产业》，2004 年第 11 期，第 52 - 54 页。

［101］周文辉：《大客户营销》，载《当代经理人》，2004 年第 3 期，第 58 - 59 页。

［102］程帅军：《创新大客户营销方式》，载《中国邮政》，2004 年第 3，第 26 - 27 页。

［103］许干：《大客户营销》，载《中外企业文化：保险文化》，2004 年第 08M 期，第 54 - 55 页。

［104］任正平、帅刚：《大客户营销制胜之道》，载《南风窗：新营销》，2004 年第 9 期，第 78 - 79 页。

［105］王唤明：《大客户营销理念：客户价值重于市场份额》，载《电器工业》，2004 年第 9 期，第 27 - 30 页。

［106］《山东省局出台做好省级大客户营销办法》，载《中国邮政》，2004 年第 4 期，第 17 页。

［117］熊立：《大客户营销三注意》，载《通信企业管理》，2003 年第 11 期，第 72 页。

[108] 阴志华：《中国电信和中国网通在北京签署网间互联结算和大客户营销服务合作协议——双方表示要加强协调和合作，重点落实互联互通工作》，载《通信世界》，2002年第26期，第3页。

[109] 李华：《试论CRM在电信大客户营销服务中的应用》，载《山西通信科技》，2002年第23（2）期，第36－39页。

[110] 宁凤莲：《中国电信大客户营销与普通用户市场营销比较》，载《山西通信科技》，2001年第22（2）期，第41－42页。

[111] 塑人：《大客户营销与普通市场营销的不同点》，载《市场周刊：商务营销》，2001年第20期，第36－37页。

[112] 陈海霞、吴先金：《营销项目绩效评价》，载《企业家天地：理论版》，2007年第2期. 第57，66－67页。

[113] 刘迎霞：《营销项目中的"虚拟团队"》，载《中国邮政》，2006年第4期，第40页。

[114] 宋卫华：《中国一澳大利亚新疆艾滋病预防与关怀项目安全套社会市场营销项目启动》，载《中国计划生育学杂志》，2005年第13（1）期，第20页。

[115] 霍泰稳：《有选择才精彩——访Sun公司开发者工具市场营销项目组经理Dan Roberts》，载《程序员》，2004年第12期，第25页。

[116] 刘小文：《促销类商业信函营销项目策划》，载《邮政研究》，2003年第19（1）期，第15－16页。

[117] 丁荣贵：《项目治理的基本思想》，载《项目管理技术》，2007年第1期，第72－75页。

[118] 汪斌、朱延琴：《公益性水利工程建设项目治理初探》，载《水利水电科技进展》，2006年第26（6）期，第76－80页。

[119] 郭志欣、汪海舰：《建设项目治理理论探讨》，载《哈尔滨商业大学学报：社会科学版》，2006年第6期，第44－46页。

[120] 陈长兵：《我国核电工程项目治理结构的经济学分析》，载《中国核工业》，2006年第10页，第36－38页。

[121] 李郭云、陈海滨：《临汾市国债水土保持项目治理效果与经验》，载《中国水土保持》，2006年第9期，第34－36页。

[122] 尹贻林、严敏、严玲：《政府投资项目治理机制研究》，载《水利水电技术》，2006年第37（8）期，第84－87，93页。

[123] 丁荣贵：《项目治理——老板们的项目管理》，载《项目管理技术》，2006（7），第69-71页。

[124] 严玲、尹贻林：《政府投资项目代建制绩效改善途径：基于项目治理的观点》，载《水利水电技术》，2006年第37（1）期，第98-103页。

[125] 黄孚佑：《试论"代建制"与"投资项目治理"》，载《中国招标》，2006年第02M期，第19-23页。

[126] 严玲、赵黎明：《论项目治理理论体系的构建》，载《上海经济研究》，2005年第11期，第104-110页。

[127] Rodney Turner，师冬平译：《运营控制与项目治理》，载《项目管理技术》，2005年第8期，第59-61页。

[128] 骆亚卓、薛声家：《建设项目治理模式分类的探索性研究》，载《企业经济》，2011年第6期，第35-38页．

[129] 王华、尹贻林：《基于委托-代理的工程项目治理结构及其优化》，载《中国软科学》，2004年第11页，第93-96页。

[130] 卢玲、尹贻林、范道津：《公共项目治理理论概念模型的建立》，载《中国软科学》，2004年第6期，第130-135页。

[131] 杨飞雪、汪海舰、尹贻林：《项目治理结构初探》，载《中国软科学》，2004年第3期，第80-84页。

[132] 丁荣贵：《项目利益相关方及其需求的识别》，载《项目管理技术》[J] 2008年第1期，第73-76页。

[133] 卢毅：《项目利益相关者分析的"四步法"》，载《项目管理技术》，2006年第11期，第54-57页。

[134] 许桃荣、余晓钟、王圆园：《营销项目管理的适用范围研究》，载《科技信息：学术版》，2006年第11期，第89页。

[135] 张春晖：《加强营销项目管理的建议》，载《现代邮政》，2006年第9期，第17-18页。

[136] 丁荣贵：《项目治理——项目治理实现可控的创新》，北京：中国电力出版社，2017年。

[137]（澳）Ross Garland：《项目治理——有效项目决策的实践指南》，北京：中国电力出版社，2014年。

[138] 张宁、孙华、丁荣贵、王金安：《产学研协同创新项目治理风险评价》，北京：中国电力出版社，2014年。

［139］孙涛、高航、丁荣贵、王磊、王金安：《网络时代的项目治理》，北京：机械工业出版社，2015 年。

［140］菲利普·科特勒、南希·李，姜文波等译：《企业的社会责任——通过公益事业拓展更多的商业机会》，北京：机械工业出版社，2006 年。

［141］赛斯·B. M.、范莱尔，潘少华译：《协同力：打造利益相关方全面支持的优势》，北京：中国社会科学出版社，2015 年。

［142］杨华锋：《协同治理——社会治理现代化的历史进路》，北京：经济科学出版社，2017 年。

［143］Jack T. Marchwka，丁荣贵、刘芳、李霄鹏译：《IT 项目管理》第 3 版，北京：中国人民大学出版社，2011 年。

［144］Jack T. Marchwka，许江林、梁铜毓、刘景梅译：《信息技术项目管理》（第 2 版），北京：电子工业出版社，2007 年。

［145］斯蒂芬·P. 罗宾汉、玛丽·库尔特，李原、孙健敏、黄小勇译：《管理学》（第 11 版），北京：中国人民大学出版社，2012 年。

［146］骆毅：《走向协同——互联网时代社会治理的抉择》，武汉：华中科技大学出版社，2017 年。

［147］丁荣贵：《项目管理—项目思维与管理关键》，北京：机械工业出版社，2005 年。

二、英文部分

［1］Alan Stretton，*Australian Competency Standards*，*International Journal of Project Management*，Vol. 13（2），1995，PP. 119 ~ 123.

［2］Ceilia T and Y John，*House of Quality: A Fuzzy Logic – based Requirements Analysis*，*European Journal of Operational Research*，Vol.（117），1999，PP. 340 ~ 354.

［3］Cleland David and William King，*Systems Analysis and Project Management*，3rd，New York：McGraw – Hill，1993，P. 259.

［4］Crawford L.，*Project Management Competence for the New Millennium*，In：*Proceedings of 15th World Congress on Project Management*，London，England，IPMA，2000.

［5］Dixon Mile，*Project Management Body of Knowledge*，*Association of Project Man-*

agement，Fourth Edition，2000.

[6] Graham M. ，*Winch Governing the Project Process*：*A Conceptual Framework*，*Construction Management and Economics*，Vol. 19，2001，PP. 799 ~ 808.

[7] Hans Knoepfel，Klaus Pannenbacker，Gilles Caupin and Chris Seabury，*IPMA Competence Baseline* 2000，Zurich：International Project Management Association，2000.

[8] ISO，*ISO* 10006 *Quality Management*，Guidelines to Quality in Project Management，1997.

[9] Itzhak Wirth and Douglas E. Tryloff，*Preliminary Comparison of Six Efforts to Document the Project Management Body of Knowledge*，*International Journal of Project Management*，Vol. 13(20)，1995，PP. 109 ~ 118.

[10] James S. P. and P. G Kevin，*Project Management Maturity*：*An Industry Benchmark*，*Project Management Journal*，Vol. 3，2003.

[11] John Russell – Hodge，*Total Project Management*：*The Customer – led Organization*，*International Journal of Project Management*，Vol. 13(1)，1995，PP. 11 ~ 17.

[12] Lambert Keith，*Project Governance*，*World Project Management Week*，Vol. 27，2003.

[13] Lycett Mark，*Rassau Andreas and Danson John*，*Programme Management*：*A Critical Review*，*International Journal of Project Management*，Vol. 22(4)，2004，PP. 289 ~ 299.

[14] M. Holmlund adn J. A. Tomros，*What Are Relationships in Business Networks*，*Management Decision*，Vol. 35(4)，1997，PP. 304 – 309.

[15] Maruboyina，R. ，*Project Uncertainty Management*，*Cost Engineering*，Vol. (12)，2003.

[16] McKusker John and Crair Leslie，*Establishing Project Governance ——— A Practical Framework to Manage Risk*，*Provide Verification and Validation processes*，*and Ensure Compliance with Sarbanes – Oxley*，*Proceedings of the International Conference Practical Software Quality & Testing*，*September*，11 – 15，2006，Minneapolis，MN.

[17] Meredith，J. R. and Mantel，S. J. ，*Project Management*：*A Managerial Approach*. New York：Wiley，1995.

[18] Oliver C. ，*Determinants Interorganizational Relationships*：*Integration and Future Directions*，*Academy of Management Review*，Vol. 15(2)，1990，PP. 241 ~ 265.

[19] Partington David. ，*The Project Management of Organizationa*l *Change*，*Inter-*

national Journal of Project Management, Vol. 14(1), 1996, PP. 13 ~ 21.

[20] Pellegrinelli Sergio, *Programme Management: Organizing Project – based Change*, *International Journal of Project Management*, Vol. 15 (3), 1997, PP. 141 ~ 149.

[21] Peter W. add G. Morris, *Updating the Project Management Bodies of Knowledge*, *Project Management*, Vol. 9, 2001, PP. 21 ~ 30.

[22] Project Management Institute, A *Guide to the Project Management Body of Knowledge*, Newtown Square, PA: PMI, 2000.

[23] Sharad D., *Management by Projects – An Ideological Breakthrough*, *Project Management Journal*, Vol. (3), 1986, PP. 61 ~ 63.

[24] Su Chenting, M. J. Sirgy and J. E. Litdefield, *Is Guanxi Orientation Bad, Ethically Speaking? A Study of Chinese Enterprise*, *Journal of Business Ethics*, Vol. (44), 2002, PP. 303 ~ 312.

[25] Turner J R., *Communication and Co – operation on Projects Between the Project Owner as Principal and the Project Manager as Agent*, *European Management Journal*, Vol. (6), 2004.

[26] Turner J R., *The Handbook of Project – Based Management*, Cambridge, UK: McGraw Hill, 1993.

[27] Turner J. R., *Editorial: The Global Body of Knowledge, and Its Coverage by the Referees and Members of the International Editorial Board of this Journal*, *International Journal of Project Management*, Vol. 18, 2000, PP. 1 ~ 5.

[28] Wong Y. H. and J. L. M. Tam., *Mapping relationships in China: Guanxi Dynamic Approach*, *Journal of Business & Industries Marketing*, Vol. 15(1), 2000, PP. 57 ~ 70.

[29] Yin, R. K., *Case study Research: Design and Method*, *Sage Publications*, 1994.

后　记

在本书完成脱稿之际，真是百感交集，终于克服了各种困难，可谓功夫不负有心人。

我长期在中国电信广西公司从事电信运营商市场营销和大客户信息化应用项目的经营管理等工作，亲身经历、组织了许多市场项目策划与客户应用需求挖掘研究，组织和主持了许多大客户营销项目并成功实施。在做好本职工作的同时，我持之以恒地进行理论学习和学术探讨，学以致用，把实践与理论相结合，在《邮电经济》《移动通信》《中国数据通信》《通信企业管理》《管理观察》《经营者》《现代商业》《广西通信技术》等专业杂志和学术研讨会发表文章20余篇，并有机会在澳门科技大学攻读工商管理博士学位，对电信大客户营销项目的治理方式进行了深入研究，取得了一定的成果。

近几年来，我的履职岗位调整到企业安全管理领域（安全生产、劳动保护、消防安全、通信安全和信息安全、防范打击新型信息网络犯罪等），虽然业务范围和内容有所转变，但是，管理理论和方法是互通的。我以法律法规为指引，完善规章；以客户理念和管理需求为导向，运用信息化手段推进管理和流程革新；坚持运用项目思维和治理理论开展工作和课题研究，配合通信监管和公安机关协同治理与防范打击新型信息网络犯罪的专项行动，均获得成效。通过学术理论研究，我不断探索规律，提炼方法，分享成果，为造福社会尽绵薄之力，也以此回报我曾经服务过的客户和企业。

本书在写作过程中，得到了许多前辈师长的关怀与指导，以及领导与同仁的大力支持，在本书即将出版之际，不忘感恩感谢之情。

　　衷心感谢澳门科技大学曾经给我提供了学习机会和中西合璧的学术环境。在澳门科技大学学习期间，丁荣贵、庞川、石贵成、汤宏亮、刘洪、李怀斌和刘廷扬等教授治学严谨的精神，进一步提升了我的经营和管理理论水平，训练了我的系统思维和经营管理方法，使我受益匪浅，是我终生学习的榜样。

　　语言难以表达我对山东大学管理学院丁荣贵博士/教授的感恩之情！他严肃而认真的执教态度和渊博而严谨的学术研究精神，给予了我极大的支持和激励，对我后续的学习和研究产生了深远的影响。在本书的选题和写作过程中，丁老师对选题方向、系统结构、整体框架、逻辑层次、标题、关键术语以至语言规范等方面给予了大量的指导，提出了许多宝贵的意见。

　　感谢澳门科技大学研究生院的庞川教授、石贵成教授，他们从专业研究和写作规范等诸多方面给予了具体建议和细致的指导，这对本书的完成起到了重要的辅导和助推作用。

　　感谢老领导蒋耀平先生、朱立军先生、谢飞波先生、孙俊彦先生对我的大力支持和鼓励。感谢中国电信广西公司的同仁们，他们提供的大量的有关数据和资料是本书完成的实践基础。

　　在本书的写作和修改过程中，我还得到了山东大学管理学院项目管理研究所老师和研究生们（特别是刘兴智、王彦伟等）的热情帮助，他们在我的写作和修改过程中提出了许多建议，在理论方法的使用方面给予了我大量的指导。在此，对他们表示诚挚的谢意！

　　最后，真挚的感激还应该给予我的家人，正是他们的爱与支持，使我完成了本书的写作、修改及出版。

郑植

2018 年 6 月